# ルーブリックで変わる美術鑑賞学習

編著　新関伸也・松岡宏明
NIIZEKI Shinya　MATSUOKA Hirotoshi

三元社

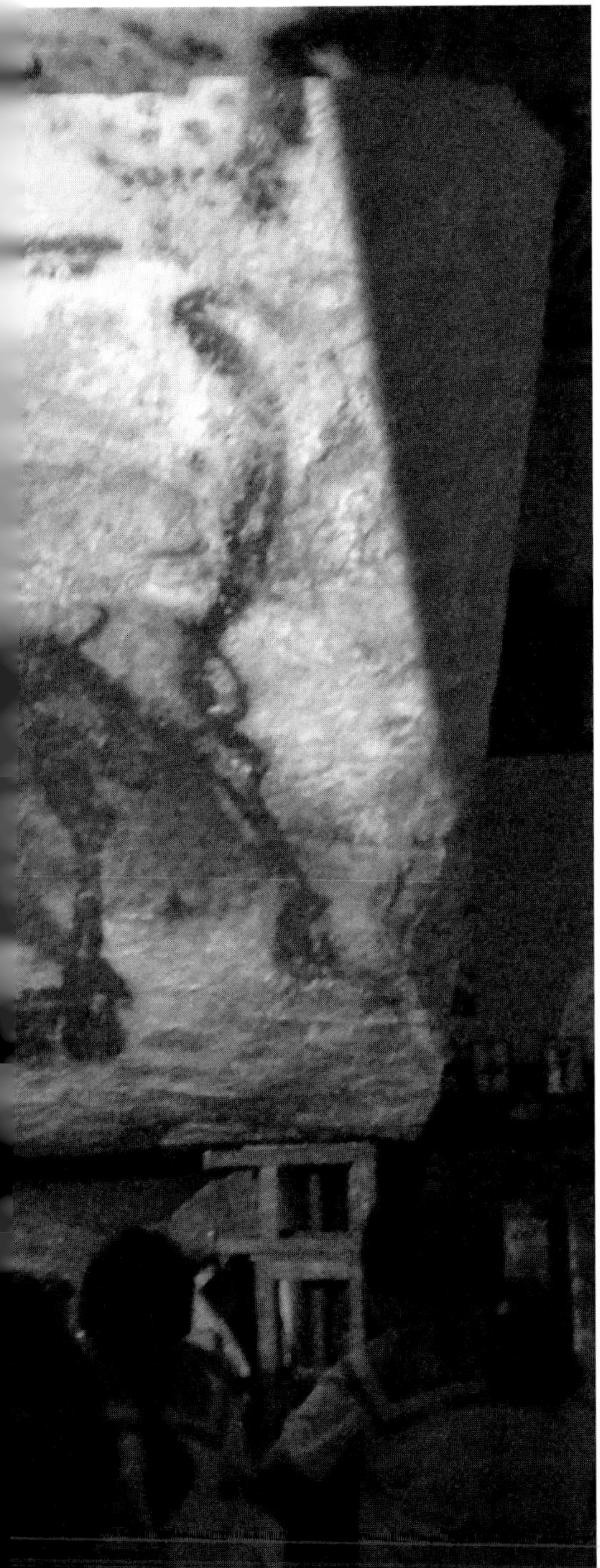

# はじめに

本書は、美術鑑賞学習は大切だとは思っていても「授業する自信がなかなかもてない、とくに目標（ねらい）の設定や評価の仕方、具体的な実践方法がいまひとつよくわからない」という学校現場の先生方の声に押されて作られました。執筆者はそれぞれに、長い間、美術鑑賞教育の研究を重ねてきたメンバーです。

まず、その実態を知るための全国調査から始めました。そして、幼稚園から高校まで、多くの先生たちの協力のもとで、研究授業を積み重ねてきました。この本は、美術鑑賞学習に関する理論と実践の往還を基礎にして、常に学校現場の先生たちと協働してすすめてきた研究の成果です。

先生たちの〝よくわからない〟〝自信がもてない〟という課題を解決する手立てとして考え出したのが「鑑賞学習ルーブリック」です。本書はその理念や具体的な活用方法を解説するとともに、実際にルーブリックを活用しておこなった授業の様子も盛りこみました。対象としているのは、幼児から大人までです。小さな子供たちに鑑賞学習がなりたつことに驚かれるかもしれません。また、授業は日本だけでなく、台湾でもおこないました。いずれの授業でも、ルーブリックを活用したことにより、目標（ねらい）や評価基準が明確になり、子供たちの主体的な学習が促されたという多くの手ごたえを得ることができました。

本書は、第Ⅰ部「『鑑賞学習ルーブリック』を知る」、第Ⅱ部「『鑑賞学習ルーブリック』を使う」、第Ⅲ部「『鑑賞学習ルーブリック』で変わる」の三つの部と、コラム「美術教育の広がり」で構成されています。美術鑑賞は一度きりの授業実践で完結するものではありません。同じ鑑賞作品でも、観点を変えれば多様な展開ができるということも、本書で伝えたいことの一つです。さらに、授業を振り返って、その目標（ねらい）にどれだけアプローチできたかを評価するためにもルーブリックを活用できると考えています。

本書が、先生方の美術鑑賞学習の目標（ねらい）の設定や評価の際の手助けとなり、また子供たちの鑑賞学習が楽しいものになるためのきっかけとなれば、これ以上の喜びはありません。

新関伸也

もくじ

# III

# 「鑑賞学習ルーブリック」で 変わる

広がる美術教育

# I 知る

「鑑賞学習ルーブリック」を

# 1

# 「鑑賞学習ルーブリック」で変わる図工・美術

## 表現と鑑賞

〝図工の時間〟や〝美術の時間〟と聞いて、どんな活動をイメージしますか？多くの人が、絵を描いたり、何かものをつくったりすることを思い浮かべるのではないでしょうか。[1] もちろん、それは間違いではありませんが、もう一つ重要な活動があります。それは「見ること」です。

「見ること」は、絵を描いたり、ものをつくったりしている時にも、子供たちの中で同時に起こっています。子供たちは、描いたり、つくったりしながら自分の作品を「見て」いるのです。さらに、子供たちは互いの活動や作品を「見て」います。「見ること」は、自然に、無意識のうちにおこなわれています。ですから、あらためて「見ること」が図工や美術の活動内容だと意識することは少ないのでしょう。ただ本来は、「描いたり、つくったり」することと「見ること」は表裏一体で切り離すことはできず、主従関係でもなく、両者は互いに補完し合うということは理解しておきたいところです。

学習指導要領では、「描いたり、つくったり」することは「表現」領域、「見ること」は「鑑賞」領域として、分けて示されています。そして、鑑賞領域は、思考力・判断力・表現力を培う重要な柱の一つであると明確に示されています。

## 鑑賞活動のようす

そこで先生たちは、子供たちが互いの作品を見合う鑑賞会を設定したり、校内に掲示したり、作品展を開催したり、時には、いわゆる美術作品を子供たちに見せたりします。

ところが残念なことに、鑑賞活動は子供たちには評判がよくないようです。大学生に図工や美術の時間の思い出をたずねてみると、「鑑賞がいちばんおもしろくなかった」、「今日は鑑賞だと聞くとがっかりした」と言います。そのような否定的意見をもつ学生の割合は、一部というような小さいものではなく、大多数の学生がそう言うのです。かく言う筆者も、中学生の頃に、鑑賞学習がつまらなくてなりませんでした。相互鑑賞会では、友達の作品に対して、義務的に「ここがいいと思います」、「ここを改善したらいいと思います」と言ったり書いたりするだけでしたし、校内作品展など、じっくり見ようと思ったことはほとんどありませんでした。美術作品の鑑賞にしても、先生の解説には関心がもてず、作品と作者とタイトルを結びつけて丸暗記するだけでした。当然、つまらないわけです（当時、京都府では高校入試に美術の筆記試験があったことも関係しているようです）。いえ、その前に、これは鑑賞とは呼べません。

どうやら、鑑賞学習指導には課題があるようです。

## 鑑賞学習指導の課題

ここで、鑑賞学習指導に対して先生たちがどのように考えているのか紹介したいと思います。私たちは、２０１５年に小学校、中学校の先生を対象にした鑑

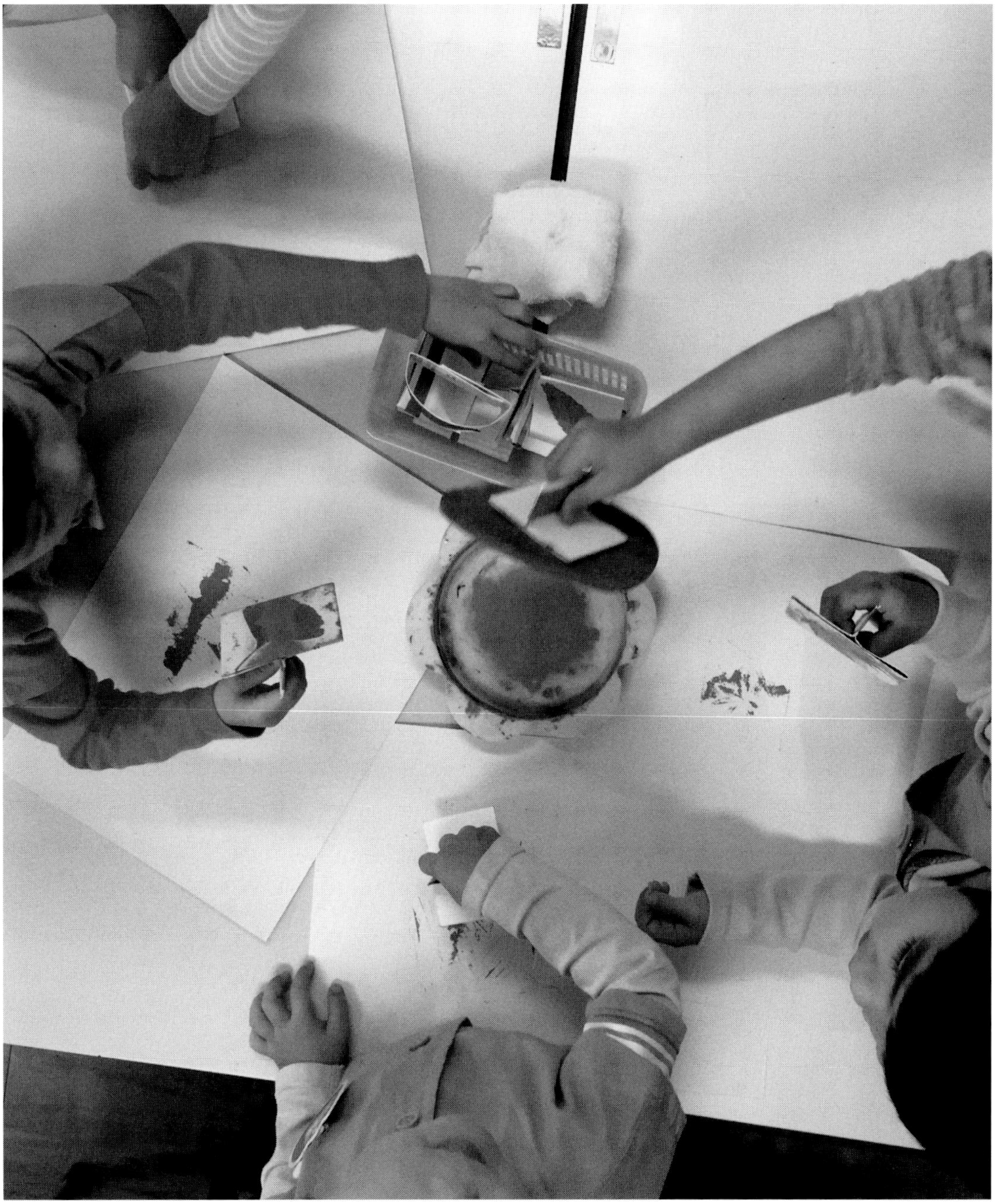

賞学習指導に関する全国アンケート調査をおこないました。[2]

その結果、小学校では鑑賞学習指導に消極的な先生の割合が45％に近く、中学校の先生でも35％を超えました。[3]　ちなみに、表現領域を含む図画工作科全体の指導に消極的という小学校の先生は８％未満でしたから、鑑賞学習指導への消極度がいかに際立っているかわかります。[4]　表現と鑑賞はどちらも大切な領域なのですから、本来は先生が消極的であっていいはずはありません。例えば算数において、図形は苦手だからやらなくて良いということにはならないのと同じです。

さて、積極的に取り組めない理由として、先生自身が「意義を見出せないから」、あるいは「児童・生徒が興味を示さないから」などが推測されますが、調査によるとそうではありませんでした。小学校でも中学校でも90％を超える先生が鑑賞学習の「必要性を感じる」と回答し、80％以上の先生が「児童・生徒が興味や関心を示す」と答えているのです。[5]自身が必要性を感じ、また児童・生徒も興味・関心を示しているのにもかかわらず、なぜ積極的に取り組めないのでしょうか。

その原因としてアンケートでわかったことは、「時間不足」と「(鑑賞学習に関する）教材不足」です。時間不足の理由として該当数が多かったのは「授業時数が少なくて鑑賞に充てる時間がとれない」、「表現の指導で手一杯」、「教材研究をする時間がとれない」といった項目、教材不足の理由では、「提示する資料が乏しい」、「提示のための機器や施設が乏しい」、「近くに美術館がない」といった項目でした。これらは物理的、制度・環境的な問題を含んでいて、一人一人の先生で解決するのは難しいかもしれません。

一方で私たちは、こういったジレンマの根底にあると思われる見過ごせない問題を予想して、アンケートに加えていた項目がありました。それは、鑑賞学習指導を進めるにあたっての「目標」と「評価基準」についてです。その結果、予想どおり目標や評価基準の設定、評定をつけることに困難を感じる先生がたいへん多いことがわかったのです。[6]　そのための、よりどころとなる〈指標〉を開発することが求められていることを私たちは確認しました。

## そもそも「鑑賞」とは

ここで、結論を述べる前に少し原点に立ち返って、鑑賞とは何か、鑑賞学習指導のあり方について考えてみたいと思います。

多くの人が、「美術鑑賞学習」、ましてその指導となると、何かたいへん高尚で、難しいと感じているかもしれません。鑑賞学習指導は美術史に精通していなければできないとも思われているかもしれません。

それでは、見方を変えて、鑑賞とは、見る人が意味を「つくる」活動だと考えてみると印象がずいぶんと違ってくるのではないでしょうか。意味を「つくる」のは子供たちです。表現活動において、子供たちが嬉々として、生き生きとつくっている、あの様子を当てはめてみるといいのです。

かつて、フランス生まれの美術家、マルセル・デュシャン（1887〜1968）は、「絵は見る者によってつくられる」と述べました。[7] 絵は、目の前を歩いている人を呼び止めて、「私（絵）の意味は、〜です」と向こうから話しかけてはくれません。絵は、見る人が絵の前で立ち止まって「見る」ときに初めて意味を発してくるのです。

「見ることはつくること」でもあるのです。見ることを通して、自分の感情や考え、イメージを「つくる」。見ることは決して受動的な行為ではなく、実に能動的な営みだということです。

## 鑑賞学習の意義

鑑賞学習指導では、まずは先生が子供たちに作品を見る機会を提供して、「見ること」に誘い込むことが始まりです。そのための演出が大切で、子供たちが作品を見て、それぞれが自分なりの意味を立ち上げたときに、鑑賞学習指導の第一段階が成立することになります。

その次の段階として、子供たちが自分の目で「見て」、楽しく自由に意味を紡ぎ出しながら、美術文化がもつ広がりや深さをダイナミックに、かつ統一的に我がものにしていくのが「鑑賞」という営みであり、[8] その機会をコーディネートし、展開していくプロセスが鑑賞学習指導の醍醐味です。

ある子供は絵の中の一つのアイテムだけにとらわれて「見ること」が広がっていないかもしれません。ある子供は自分の感覚や生活に引きつけてしか見ていないかもしれません。中には、絵をきっかけとするだけで、まったく関係のないことを思考しているかもしれません。全部、いったんは受容する必要がありますが、それだけでは鑑賞の入り口の戸を叩いたに過ぎません。まずは好きなように見ることはたいへん重要なのですが、そこに留まらないのが目指すべき鑑賞学習指導です。

## 名画・名作は多くを語る

もう一つ、鑑賞学習指導を進める上で欠かすことのできない、題材設定について考えてみます。

ニューヨーク近代美術館の元学芸員アメリア・アレナスは、来日した際の講演の中で、「名画・名作は多くを語る」と述べました。[9] 名画・名作は常に謎と許容性に満ちていて、解釈の自由に開かれ、時間や空間を超えて多くの人々の心を揺さぶります。見て語りたくなることが自ずと豊富に湧いてくるのです。

子供たちは、必ずしも子供の作品を見ることが好きなわけではありません。子供たちの、内なる伸びようとする気持ちは、大人の世界への憧れを含んでいます。子供たちが名画・名作に触れて生き生きと反応する様子は、まるで私たち大人の上空で、子供たちと芸術家たちとが直接交信しているかのようです。

また、名画・名作がもつ力は、教師の学びも深めてくれます。石ころや工業製品などでも鑑賞学習指導は展開できますが、それらは個別の実践に留まり、教師間で題材を共有することができません。ノウハウが蓄積されないため、実践のブラッシュアップ、波及効果が期待しにくいのです。その点において、多くの人が容易にアプローチできる名画・名作と呼ばれるものは安心です。実践へのハードルが下がる分、指導観に焦点化して考えることができます。

## 鑑賞学習指導のモヤモヤ

さてここで、さきほどの「目標」と「評価基準」の話題に戻ります。アンケートでは、鑑賞学習指導に積極的になれない理由として、目標や評価基準の設定、評定をつけることの困難さが明らかになっています。「鑑賞とはどういった行為なのか」、「鑑賞学習の意義」といったものが抽象的でつかみにくいことが、その理由の根底にあると思われます。

実際の鑑賞の授業に照らして考えてみましょう。例えば、子供たちが絵の印象を自由に語っていく授業展開を設定したとします。子供たちの意見や考えを引き出すことに長けた先生は、「みんなが活発に意見を言った」、「普段意見を言わない子供が積極的に発言した」という実感や手応えを感じます。教室内は盛り上がり、活性化します。しかし、先生の中には「こんな授業でいいのだろうか」、「これで学びとして成立したのだろうか」というモヤモヤが残ります。時には、「活動あって学びなし」で終わってしまうことがあるわけです。これは鑑賞学習指導で多く用いられる、いわゆる「オープンエンド型」授業の難点です。

学校における授業であるにも関わらず、指導目標が曖昧であるために、子供たちの反応に授業の流れが委ねられてしまっているのです。この場合、盛り上がった点だけを「よし」とするしかなく、どのように評価をし、評定をつければいいか判断に迷うことになります。また、授業の質を高めていく視点を失ってしまうので、やりがいが得られないばかりか、授業改善につながげにくいのです。

## ―そこで「鑑賞学習ルーブリック」―

これらの課題点を克服していくために私たちが開発したのが、「鑑賞学習ルーブリック」です（巻末の折り込みをご覧ください）。「鑑賞学習ルーブリック」は、鑑賞学習の観点とレベルからなるマトリクス表で、実践中に子供たちにあらわれる様々なパフォーマンスをどのように見取ればよいのか、その指標を示しています。目の前の子供たちの状況を分析して、扱う観点とレベルを絞り込み、その選択が、授業の目標（ねらい）と評価基準の設定の指標になります。

鑑賞の授業がただ拡散して終わってしまう要因は、観点を焦点化していないためであることが多いのです。観点を絞ることは、子供たちの鑑賞を制限してしまうことにはなりません。意図をもって観点を絞り込んでおけば、子供たちの多様な見方、感じ方に対しても、それにそくして授業全体をマネジメントすることができます。

ただし、観点とレベルの記述は、それがそのまま授業の目標（ねらい）や評価基準ではないことは押さえておきたいと思います。あくまで、それらの設定のための指標、いわば〈地図〉です。

◐　◐　◐

名画・名作の鑑賞をすることで「見ること」のおもしろさに目覚めた子供たちは、それを互いの作品の鑑賞にも自然と応用していくでしょう。そして、互いの違いを形や色を介して味わい合うことの喜びに出会うのです。さらに、冒頭で述べたように「見ること」と「つくること」は表裏一体ですから、鑑賞活動が深まることで、ひいては表現活動も深まっていくのです。

1) 保育所や幼稚園、幼保連携型認定こども園の指針・要領では、領域「表現」の中で、「かいたり、つくったりすること」などと記されている。小学校学習指導要領「図画工作」では「造形遊び」と「絵や立体、工作」、中学校学習指導要領「美術科」では「絵や彫刻」と「デザインや工芸」に分類、整理されている。

2) 平成26・27・28・29年度科学研究費補助金基盤研究（B）（一般）（課題番号：26285204）「学校における美術鑑賞の授業モデルの拡充と普及についての実践的研究」（研究代表者：松岡宏明、研究分担者：赤木里香子、泉谷淑夫、大嶋彰、大橋功、萱のり子、新関伸也、藤田雅也）の一環として実施したものである（回収数、小学校784件、中学校930件）。

3) 鑑賞学習指導への積極性についての質問に対する回答「消極的である」と「やや消極的である」の合計値。小学校では、「消極的である」が4.3%、「やや消極的である」が39.9%であった。全科の先生に絞ると、「消極的である」が5%、「やや消極的である」が43.2%にそれぞれ上がる。中学校では、「消極的である」が3.5%、「やや消極的である」が32%であった。

4) 表現領域を含む図画工作科指導に「消極的である」は0.3%、「やや消極的である」は7.2%であった。

5) 鑑賞学習に「必要性を感じない」が、小学校では「よくあてはまる」が2.1%、「ある程度あてはまる」が7.2%、中学校では「よくあてはまる」が0.4%、「ある程度あてはまる」が3.5%であった。鑑賞学習に「児童や生徒が興味や関心を示さない」については、小学校では「よくあてはまる」が2.1%、「ある程度あてはまる」が12.3%、中学校では「よくあてはまる」が1.2%、「ある程度あてはまる」が14.3%であった。

6) 小学校では、「目標設定に困難を感じる」、「評価基準の設定に困難を感じる」、「評定をつけることに困難を感じる」について、「ある程度あてはまる」、「よくあてはまる」を合わせると、それぞれ45.4%、57.4%、60.2%であり、上記3）で記した消極層に限るとそれぞれ64.3%、75.6%、74.4%と、さらに高い割合に上った。中学校では、同じく「目標設定に困難を感じる」、「評価基準の設定に困難を感じる」、「評定をつけることに困難を感じる」について、「ある程度あてはまる」、「よくあてはまる」を合わせると、それぞれ34.1%、47.3%、48.7%という結果となった。こちらも消極層に限ると、47.0%、63.7%、64.5%と割合が大きく上がる。

なお、上記3）、4）、5）、6）の、より詳しいデータは、松岡宏明他「小学校図画工作科における鑑賞学習指導についての全国調査報告」、「中学校美術科における鑑賞学習指導についての全国調査報告」、『美術教育』No.301、日本美術教育学会、2017、pp.60-75、あるいは日本美術教育学会HP（http://www.aesj.org/）を参照されたい。

7) 筆者による要約。デュシャンは、「要するに、アーティストはひとりでは創造行為を遂行しない。鑑賞者は作品を外部世界に接触させて、その作品を作品たらしめている奥深いものを解読し解釈するのであり、そのことにより鑑賞者固有の仕方で創造過程に参与するのである」と記している。ミシェル・サヌイエ編『マンセル・デュシャン全著作』（北山研二訳）、未知谷、1995、p.286

8) 長田謙一「伝えること/語ること/伝え合うこと―視覚文化社会に〈生きる〉ちからと〈アート〉―」（講演録）、『平成22年度 美術館を活用した鑑賞教育の充実のための指導者研修』、独立行政法人国立美術館、2011、p.120

9) 第4回美術鑑賞教育フォーラム、上野行一研究代表「対話による意味生成的な美術鑑賞教育の開発」報告会（文部科学省第1講堂、2009）におけるアメリア・アレナス特別講演後の質疑応答を筆者採録。

七月六日金

# 2

# 「鑑賞学習ルーブリック」とは

## 鑑賞学習とルーブリック

1980年代から教育界では、客観的なテストだけでは子供たちの本当の学力を測ることはできないという批判がなされるようになりました。そこで、学習者の振る舞いや作成物を手がかりに、知識や技能の総合的な活用力を質的に評価する方法として「パフォーマンス評価」（performance assessment）が導入されるようになりました。パフォーマンスとは、例えば、レポート、ポートフォリオ、作品、討論への参加、チーム・グループワーク、プレゼンテーションなどを指します。ただ、これらは点数化が困難で、定量的に表しにくいものです。だからと言って、教師による主観的な評価に委ねられてはいけません。そこで、パフォーマンスという定性的なものの評価の際には、指標となるルーブリックの作成と活用が必要とされるのです。

　ルーブリックとは、ひとことで言うと「ある課題について、できるようになってもらいたい特定の事柄を配置するための道具」[1]であり、学校教育等においては「成功の度合いを示す数値的な尺度（scale）と、それぞれの尺度に見られるパフォーマンスの特徴を示した記述語（descriptor）からなる評価基準表」[2]を意味します。

　「鑑賞学習」において子供たちのパフォーマンスをいったいどのように見取ればいいのか、その指標を示したのが、私たちが提案する「鑑賞学習ルーブリック」です。「鑑賞学習ルーブリック」は、名画・名作を対象として、その鑑賞の観点と深まり具合をマトリクスとして設定し、可視化しています。

　「鑑賞学習ルーブリック」は、指導者が自らの授業を自覚的に設定、展開し、鑑賞学習のカリキュラム構造化を適切におこなうためのツールとして活用することをねらいとしています。あくまで指導者のためのものであり、児童・生徒に評定を下すための採点表ではありません。目の前の児童・生徒の診断的評価を踏まえた上で、どの観点をどのくらいのレベルで設定することが妥当なのか、児童・生徒の姿（パフォーマンス）をどのように見取り、評価していくべきなのかについて検討する材料として用いるものです。実践とルーブリックを擦り合わせるプロセスの中で、授業の質を高めるための課題を発見することもできます。

## 「鑑賞学習ルーブリック」のコンセプト

　私たちが開発した「鑑賞学習ルーブリック」は、授業の目標（ねらい）や評価基準そのものではなく、それらの設定のための指標であることは前述したとおりです。その前提のもと、基本コンセプトを見ていきます。

### （1）扱う観点とレベルを明確にすることで、指導に取り組みやすくなる

　鑑賞学習を実践する際、何を見せるか、作品を選ぶところから考えてしまいがちです。先生が題材とする作品に関心をもっていることは重要なことですが、そ

れが最優先されると、今、目の前にいる子供たちに必要なことがなおざりになります。そこではじめに、子供の実態や状況を踏まえながら、ルーブリックを用いて、指標とする観点とレベルを定めます。それを優先することによって授業設計と題材の選定に取り組みやすくなります。

### （２）１回の授業で、どの観点を扱い、どのレベルを想定するか、指導者が自覚できる

オープンエンドな展開を志向した場合、１回の授業の中でいくつもの観点を無自覚に想定してしまいがちとなり、到達点を十分に意識せずに実践に臨んでしまうことになります。子供たちから出てくる話題をすべて大切にするあまり、見方や感じ方があらゆる方向に分散するだけの時間になってしまう恐れがあるのです。

「鑑賞学習ルーブリック」は１回の授業ですべての観点を扱うことを推奨するものではありません。あれもこれもと詰め込むのではなく、観点を絞り込み、レベル設定を十分に意識することで、授業の目標（ねらい）が明確になり、指導展開のブレを小さくすることができます。

### （３）学期や年間を通してどの観点もレベルもバランスよく扱うための指針にできる

「鑑賞学習ルーブリック」は、作品鑑賞の観点とレベルを網羅しています（学習指導要領との関連については、第Ⅰ部３を参照）。ですから「本題材」や「本時」においてどの観点のどのレベルを扱ったのか、扱っていないのかが、はっきりと自覚できます。それによって「次題材」や「次時」では、どの観点の、どのレベルをねらうか計画できるようになり、結果的にバランスが取れた、学期や年間を通しての適切なカリキュラム・マネジメントにつながります。例えば、「今回は『形、色』を中心に扱ったので、次回は『作品の主題』に迫る授業をしてみよう」、「前回は作品の『構成・配置』を『指摘する』（レベル２）ところまで到達できたので、今回は『説明』（レベル３）したり、『批評』（レベル４）したりするところまでねらってみよう」という具合です。「１学期は『造形要素とその効果』に迫り、３学期には『作品にまつわる知識』を扱おう」というように年間を通しての計画も立てやすくなります。さらに、「鑑賞学習ルーブリック」の活用以前はどの観点やレベルに偏りがちだったかという自身の指導の「癖」に気づくこともできます。

### （4）絶対的な基準ではなく、指導者がカスタマイズすることができる

「鑑賞学習ルーブリック」は固定された物差しではなく、ツールにすぎません。指標として、柔軟に、あるいは批判的にそれぞれのやり方で使いこなし、自分のものにしてもらうことを推奨しています。カスタマイズしていくことで、このルーブリックの意義は一層大きくなるでしょう。

### （5）学習者に示して学習課題と成果を確認させることもできる

必要であれば「鑑賞学習ルーブリック」を学習者に示し、学習の「めあて」とすることも可能です。あるいは、これを基にして、学習者と共にルーブリックをつくってみることもできるでしょう。このルーブリックは、あくまで指導者のために作成したものですが、学習者自身による目標設定を学習の中に組み入れることもできます。

ただし「鑑賞学習ルーブリック」は、学習評定にも使用可能ですが、それを主たる利用目的として考えたものではないことは押さえておきたいと思います。

## 「コモンルーブリック」と「題材ルーブリック」

「鑑賞学習ルーブリック」は「コモンルーブリック」と「題材ルーブリック」の二層によって構成されています。

「コモンルーブリック」は、あらゆる作品に共通の（コモン）、基礎となるルーブリックです。一方「題材ルーブリック」は、個別の作品で、どのようなパフォーマンスが期待できるかという具体的な記述で構成されています。

以下、「コモンルーブリック」と「題材ルーブリック」それぞれについて具体的に見ていきましょう。

## 「コモンルーブリック」の構造

本書巻末の折り込みにある「コモンルーブリック」をご覧ください。五つの観点と四つのレベル（段階）から構成されています。観点は縦軸に、レベルは横軸に示されています。

観点は、「(A) 見方・感じ方」、「(B) 作品の主題」、「(C) 造形要素とその効果」、「(D) 作品にまつわる知識」、「(E) 生き方」、の五つに分類しました。(C) はさらに、「(C)−1 形、色」、「(C)−2 構成・配置」、「(C)−3 材料、技法・様式」、の三つに分け、(D) は「(D)−1 歴史的位置づけ、文化的価値」

と「(D)―2 社会・環境とのつながり」、の二つに分けています。

## レベルの設定

各レベルの中の記述は、それぞれに期待される学習者のパフォーマンスです。いちばん右がレベル1で、左に行くにしたがってレベル2、レベル3と上がっていき、もっとも上位に位置づくのがレベル4となります。レベル1は「ベンチマーク」、つまり基準となる水準であり、最初のレベルです。レベル4は「キャップストーン」であり、最高レベルを示します。レベル2、レベル3は「マイルストーン」、すなわちキャップストーンに到達するまでの段階的なパフォーマンスということになります。

レベル内の記述の語尾に注目してください。レベル1は、主に「関心をもっている」、レベル2では「指摘している、想像している」、レベル3では「説明している」、レベル4では「批評している」となっています。レベル1・2が学習者の内で起こっていることに焦点を定めているのに対し、レベル3・4は内から外への表し方に関わる課題を含んでいます。レベル3・4では鑑賞の深まりとともに高いレベルの言語活動がともないます。

学習者のパフォーマンス内容を、指導者が自身の価値観で値踏みして善し悪しを判断してしまっては、みんなで意味を「つくる」鑑賞学習は台無しになります。実践中は「指摘」、「想像」、「説明」、「批評」の出現を確認し、それを受容し価値づけます。見方・感じ方の自由を奪わないようにしたいものです。

## レベルと発達段階

レベルは、年齢に即して上がっていくという発達史観に基づいてはいません。年齢ごとに、その年齢に応じた各レベルパフォーマンスが見られるという点に注意が必要です。幼児が幼児の発達段階の中でレベル4に至る場合もある一方、高校生がレベル1のパフォーマンスに留まる場合もあります。「描く」活動の発達に照らし合わせて考えてみるとよくわかります。例えば、図式期にいる小学校1年生の絵と写実期に入った中学1年生の絵を比べて、小学生はレベル1、中学生はレベル3などと判断するなど、ナンセンスです。3歳は3歳の今を、6歳は6歳の今を、12歳は12歳の今を十分に謳歌できたとき、それがその時点での最高レベルなのです。これは鑑賞の際にも同じです。

そもそも発達とは、だんだんできるこ

とが増えていく量的拡大を意味するのではなく、質的な変化です。特に造形、図画工作、美術は、そのことが大切にされるべき分野です。

つまり、鑑賞学習は、幼児と高校3年生が同じ作品を用いておこなうことも可能です。「鑑賞学習ルーブリック」は、現場に応じて課題の明確化、あるいは焦点化をおこなっていくツールとして、学年や校種を超えて使用できるのです。

### ―観点とレベルの関係―

つづいて、それぞれの観点について、レベルとの関係で見ていきます。

### (A) 見方・感じ方

ポイントとなるのは、「自分なりの」や「自分の」という記述です。人それぞれの見方・感じ方を大切にします。しかし、教室でおこなう学習が、ただ自分の見方・感じ方を表明し、それぞれの思いが相対化されて「みんなちがっていいね」で留まってしまっては残念です。鑑賞学習では、作品の主題や造形について、作品にまつわる知識を得たり、仲間や先生の見方・感じ方に触れることで刺激を受けながら、自分の考えに確信をもったり、時に自分の考えが変化したりすることが大切です。指導者は、学習者がそれらを根拠づけて分析的に表明するように促していきたいものです。

童謡詩人、金子みすゞさんは、「みんなちがっていい」ではなく、「みんなちがってみんないい」と詠いました。他者のよさを一つずつ十分に味わった上で、自分を含めたみんなのよさを大切にしています。このことを教室で実現したいものです。

### (B) 作品の主題

この観点の記述で注目してほしいのは、「作品が有する主題」「作者が込めた思い」ではなく、「作品から伝わる主題」としたところです。主体は鑑賞者だということです。「鑑賞」を「作者の考えや思い」を受け取るという受動的な活動としてはとらえていません。作者が込めた思いや美術史の専門家の見方だけを正解と決めつけると、知識を得ることが目的となってしまいます。○か×かで判定される世界では鑑賞の自由がありません。パフォーマンスを見取っていこうとするルーブリック活用の理念からも離れてしまいます。作者や美術史の専門家を超える鑑賞者になる芽を大切にし、学習者が「自身の見方」に磨きをかけ、他者の共感を得、また他者の意見に耳を澄ますことによって自身の考えが変化することが

楽しく、おもしろいと感じられるようにしたいものです。

### （C）造形要素とその効果

この観点では、作品の形や色、構成・配置、材料や技法・様式に注目します。まさに、美術が美術であることの証左としての、造形要素とその効果[3]についての観点です。三つに明確に分類することで、学習者の反応を整理しやすくしました。「Aさんは、モチーフが画面のどこに描かれているかについて発言している。このことは作品の構成と関連しているな」というように判断でき、次の展開につなげやすくなります。

### （D）作品にまつわる知識

「（C）造形要素とその効果」が、比較的見つけやすく、語りやすいのに対して、作品にまつわる知識となると、学習者が自分で気づくのには限界があります。そこで、適切な情報の提供が必要になります。解説やワークシート、読み物や調べ学習によって、学習者が自ら知識を獲得できるように促します。作品が美術の歴史にもたらした意義や文化的価値、そして作者の考えや生き方、作品が社会や環境に与えた影響などを想像・説明させ、互いの意見を交換できるようにします。それらをとおして知識のレベルを上げるとともに、「美術」が社会的なものであり、人々の思考を変化させたり、新たな発想を人々に与えたりするものであることに気づかせたいものです。

### （E）生き方

指導者の導きの下、クラスの仲間とともに作品の主題や造形要素、あるいは作品にまつわる知識へアプローチする中で、自身の見方・感じ方に変化が生じたり、新しい自分を発見したりするのが鑑賞学習です。美術作品が「生き方」に与える影響は、個別的であり多種多様です。作品への畏敬の念や作者をリスペクトする気持ちが生まれることもあるでしょう。そのような自己を意識したとき、作品が自分の生き方に何らかの影響を与える可能性があることに気づきます。それによって世界は大きく広がるのです。時には、作品を見て否定的な感情を抱くこともあるかもしれません。作品のもつ力と自分の生き方を重ね合わせたり、時には反発させたりすることも含めたダイナミックな観点です。美術鑑賞の根源的な魅力だと言えましょう。併せて、作品から何らかの感情や考えが生起したとして、それに飲み込まれたり、振り回されたりせず、理性的に自分をとらえることができるように押さえておくべき観点でもあります。

「(A)見方・感じ方」が比較的、授業時間内でそのパフォーマンスを見取りやすいのに対して、「(E)生き方」は短期的に影響が現れるとは限りません。何年も経ってから自己の変化に気づくかもしれませんし、大人になってからまったく違ったかたちで影響が浮上してくるかもしれません。美術作品がもつ力は、単に美術作品を見ているときにだけ作用する限定的なものではないというメッセージを込めて、この観点を設けています。

なお、(A)と(E)の観点については、美術作品を超えた情意的領域に関わるもので、作品を離れて、どこまでも、あるいは縦横無尽に深まっていくものです。個別に達成される性質のものではなく、(B)(C)(D)を契機としてはじめて目指されるものです。「鑑賞学習ルーブリック」では、そのことを示すために、(A)の下部と(E)の上部は二重線で区別しました。教育を学習者自身の「見方・感じ方」や「生き方」につなげることは、実のところ、図工や美術に限らずすべての教科で大切にされるべき要点です。指導者がこの観点を意識しない学習などないという意味においても必要不可欠な観点として(A)と(E)を設けています。

以上のように、鑑賞学習は、図画工作科・美術科という教科を超えた多様な場面へ波及可能な力を育成する活動だと言えます。図画工作科・美術科という教科固有の観点としての(B)(C)(D)が(A)(E)と絡み合いながら深まっていく、その構造の可視化を試みたのが「鑑賞学習ルーブリック」です。

## 題材ルーブリック

作品ごとに見取ることのできる固有のパフォーマンスを具体的に記したのが「題材ルーブリック」です。

例として葛飾北斎の《富嶽三十六景「神奈川沖波裏」》の題材ルーブリックを見てください。(B)から(D)まで、上段に「コモンルーブリック」、下段に「題材ルーブリック」が示されています。

先にも述べたとおり、「(A)見方・感じ方」と「(E)生き方」については、題材固有のレベルは想定できず、(B)、(C)、(D)の観点を通じて達成されるという性格から、題材固有のレベルは設定しません。

# 鑑賞学習ルーブリック

## 葛飾北斎《富嶽三十六景「神奈川沖浪裏」》　題材ルーブリック

| 観点 | | レベル | レベル4 ★★★★ | レベル3 ★★★ | レベル2 ★★ | レベル1 ★ |
|---|---|---|---|---|---|---|
| (A) 見方・感じ方 | | コモンルーブリック | 作品の主題や造形について、作品にまつわる知識や他者の見方・感じ方に刺激を受けながら、自分の見方・感じ方を分析的に表明している。 | 作品の主題や造形について、作品にまつわる知識や他者の見方・感じ方に刺激を受けながら、自分なりの見方・感じ方をもっている。 | 作品の主題や造形について、自分なりの印象をもっている。 | 作品について興味・関心をもったことを中心に、自分なりの印象をもっている。 |
| (B) 作品の主題 | | コモンルーブリック | 作品から伝わる主題をとらえて批評している。 | 作品から伝わる主題について想像し、説明している。 | 作品から伝わる主題について想像している。 | 作品について興味・関心をもった部分を中心に、意味づけをしている。 |
| | | 題材ルーブリック | 形や色、構図の工夫により、雄大な自然の「動と静」のモンタージュが表現されていることを理解し、根拠を挙げて批評している。 | 形や色、構図の工夫により、自然のどのような姿が表現されているかについて説明している。 | 形や色、構図の工夫により、自然のどのような姿が表現されているかについて触れている。 | 大きな波や富士山、舟など、興味・関心をもった部分を中心に、自分なりの物語を生み出そうとしている。 |
| (C) 造形要素とその効果 | (C)-1 形、色 | コモンルーブリック | 作品の中の形や色に込められた意味や特徴をとらえて、批評している。 | 作品の中の形や色に込められた意味や特徴について説明している。 | 作品の中の形や色の特徴を指摘している。 | 作品の中の形や色に関心をもっている。 |
| | | 題材ルーブリック | 独特な形をした波濤、富士山の安定感、青と白が織りなす調和などの効果をとらえ、根拠を挙げて批評している。 | 独特な形をした波濤、富士山の安定感、青と白が織りなす調和などについて説明している。 | 波濤の形、青と白のグラデーションなどに気づき、それらが生み出す効果やよさについて触れている。 | 大きな波や富士山、舟などの形や色に関心を向けている。 |
| | (C)-2 構成・配置 | コモンルーブリック | 作品の構成や配置に込められた意味や特徴をとらえて、批評している。 | 作品の構成や配置に込められた意味や特徴について説明している。 | 作品の構成や配置の特徴を指摘している。 | 作品の構成や配置に関心をもっている。 |
| | | 題材ルーブリック | 波と富士山の遠近感、大小の対比、くり返される三角形の構図、対角線上にある波頭の先や山頂の位置などの効果をとらえ、根拠を挙げて批評している。 | 波と富士山の遠近感、大小の対比、くり返される三角形の構図、対角線上にある波頭の先や山頂の位置などについて、説明している。 | 波と富士山の遠近感、大小の対比、くり返される三角形の構図、対角線上にある波頭の先や山頂の位置などについて、触れている。 | 大きく描かれた波や小さく描かれた富士山、それぞれの位置などに関心を向けている。 |
| | (C)-3 材料、技法・様式 | コモンルーブリック | 作品の材料や技法・様式の意味や特徴をとらえて、批評している。 | 作品の材料や技法・様式の意味や特徴について説明している。 | 作品の材料や技法・様式の特徴を指摘している。 | 作品の材料や技法・様式に関心をもっている。 |
| | | 題材ルーブリック | 多色摺木版の特徴や制作工程について理解し、その意味や特徴をとらえ、根拠を挙げて批評している。 | 多色摺木版の特徴や制作工程について、その意味や特徴を説明している。 | 木版画による表現の効果や特徴について触れている。 | 木版画に関心を向けている。 |
| (D) 作品にまつわる知識 | (D)-1 歴史的位置づけ、文化的価値 | コモンルーブリック | 作品が美術の歴史にもたらした意義や文化的価値を理解し、批評している。 | 作品が美術の歴史にもたらした意義や文化的価値について説明している。 | 作品が美術の歴史にもたらした意義や文化的価値について想像している。 | 作品が美術の歴史にもたらした意義や文化的価値に関心をもっている。 |
| | | 題材ルーブリック | 浮世絵が江戸時代の庶民文化として確立し、西洋絵画にも大きな影響を与えたことを理解した上で、作者の歴史上の存在の大きさについて批評している。 | 浮世絵が江戸時代の庶民文化として確立し、西洋絵画にも大きな影響を与えたことと、その中での作者の存在の大きさを説明している。 | 浮世絵作品の中における作者の存在の大きさを想像している。 | 浮世絵作品と、作者について関心を向けている。 |
| | (D)-2 社会・環境とのつながり | コモンルーブリック | 作者の考え方や作品が社会や環境に与えた影響について理解し、批評している。 | 作者の考え方や作品が社会や環境に与えた影響について説明している。 | 作者の考え方や作品が社会や環境に与えた影響について想像している。 | 作者の考え方や作品が社会や環境に与えた影響に関心をもっている。 |
| | | 題材ルーブリック | 庶民に愛された江戸時代の浮世絵作品の中でも、作者独自の表現が人々の自然のとらえ方を変化させ、想像力を駆り立てたことについて理解し、批評している。 | 庶民に愛された江戸時代の浮世絵作品の中でも、作者独自の表現が人々の自然のとらえ方を変化させ、想像力を駆り立てたことを説明している。 | 庶民に愛された江戸時代の浮世絵作品の中でも、作者独自の表現が人々の自然のとらえ方をどのように変化させたかについて想像している。 | 江戸時代に、作者独自の表現が人々の自然のとらえ方を変化させたことに関心を向けている。 |
| (E) 生き方 | | コモンルーブリック | 作品が、自分の考え方や世界への関わり方に影響を与えることを実感し、自らの生き方につなげている。 | 作品が、自分の考え方や世界への関わり方に影響を与えることを実感している。 | 作品が、自分の考え方に影響を与えることに関心をもっている。 | 作品が、自分の気持ちに影響を与えることに関心をもっている。 |

「(B)作品の主題」では、まず最初に目に入る大きな波や富士山、舟などに注目しながら自分なりの物語を生み出す「レベル1」から、さらに詳しく見ていく中で形や色、構図の工夫により自然のどのような姿が表現されているかについて触れる「レベル2」、単に印象を語っていたところから説得的に言葉に置き換えて説明する「レベル3」、この作品が有する、自然の「動と静」のモンタージュを自分なりに理解するだけでなく、それについて根拠をあげて批評する「レベル4」、というように段階を追って記されています。

「(C)─1形、色」では、爪のような独特な波頭の形、富士山の形の安定感、青と白のグラデーション及びそれが織りなす調和などが要素として想定されます。「(C)─2構成・配置」では、波と富士山の遠近感、大小の対比、くり返される三角形の構図、対角線上にある波頭の先や山頂の位置などの視覚的効果が要素として想定されます。「(C)─3材料、技法・様式」では、木版画による表現の効果、多色摺木版の特徴や制作工程などが要素として想定されます。

実践では、いずれも、まず目にとまったところを発表することで、それぞれの学習者の関心を互いに受け止め、次のレベルでは、例えばそう思う理由をたずねて言葉に変換します。さらに、グループやクラス全体で交流しながら解釈を付け加えたり、修正したり、積み上げたり、新たな考えに根拠づけをしていきます。指導者は、必要な場面では刺激を与えたり、情報を提供したりして、学習者が各自の考えを明確にしながら、作品の表現や他者の受け止め方について批評できるように導きます。

「(D)─1歴史的位置づけ、文化的価値」では、まずは、作者である北斎はどんな人だったのかに関心を寄せるところから始めてはどうでしょうか。それから浮世絵というジャンルについてや、他にはどんな作家がいたのか、さらに浮世絵が江戸時代の庶民文化として確立し、西洋絵画にも大きな影響を与えたこと、また北斎がその中で極めて大きな存在であったことに迫るような展開が想定されます。「(D)─2社会・環境とのつながり」では、庶民に愛された江戸時代の浮世絵作品の中でも、北斎の独自の表現が、当時の人々の自然のとらえ方を変化させ、想像力を駆り立てたことについて思いを馳せ、説明したり、批評したりする展開が想定されます。ここでは、他の浮世絵師の作品や西洋の作品と比較するなどの方法が有効でしょう。

なお、本書に示した「題材ルーブリック」の記述は一例に過ぎず、限られた枠内に作品の魅力をすべて網羅できるはずもありません。また、「関心をもつ」、「想像している」、「説明している」、「批評している」といった記述が、より具体的にはどんな状態を指すのか、どのようなパフォーマンスをもって到達したと言えるのか、これらを細かく列挙していくことに力を注ぎすぎるあまりに、目の前の子供の具体的な姿の現れを見失っては本末転倒です[4]。

また、「題材ルーブリック」を作成することは題材（教材）研究として大切だとしても、すべての枠について考えるのは負担が大きすぎます。取り上げる観点についてのみ、想定するのでも構いません。ルーブリックの形式にこだわらず記してみるのでもいいでしょうし、どんなパフォーマンスの出現が想定されるか、候補を挙げてみるだけでもいいでしょう。いずれにしても、言葉で表してみることをお勧めします。評価の観点や基準は、頭で考えるだけではなく、言葉にして外に出してこそ明確に意識することができ、実践のよりどころにすることができるからです。

1) ダネル・スティーブンス、アントニア・レビ『大学教員のためのルーブリック評価入門』佐藤浩章監訳、井上敏憲、俣野秀典訳、玉川大学出版部、2014、p.2

2) 田中耕治編著『教育評価の未来を拓く——目標に準拠した評価の現状・課題・展望』ミネルヴァ書房、2003、p.205

3) 三井秀樹は「構成の原理と要素」を以下のように分類、整理する。「形体」は「造形要素」と「造形秩序」によって成り立つとした上で、「造形要素」を「形」「色」「材料」「テクスチュア」「光」「運動」＋テクノロジーに、「造形秩序」を「ハーモニー」「コントラスト」「バラエティ」に分類し、その下層に「シンメトリー」「プロポーション」「バランス」「リズム」「コンポジション」などを位置づける（三井秀樹『新構成学』図書印刷、2006、p.27）。

4) ジェリー・Z・ミュラー『測りすぎ——なぜパフォーマンス評価は失敗するのか』（松本裕訳、みすず書房、2019）では、「測定基準」への執拗がもたらす弊害について実例を挙げて明らかにされている。

広がる美術教育

# 「鑑賞会」あるある

先　生　それでは、次にAさん、前に出てきてください。作品をみんなに見せてあげてください。これは何を描きましたか?
Aさん　お芋を掘ったところを描きました。
先　生　いちばん一生懸命描いたところはどこですか?
Aさん　お芋のおひげです。
先　生　どんな工夫をしましたか?
Aさん　いっぱい描いたところです。
先　生　他にはみんなにどこを見てもらいたいですか?
Aさん　お芋に土が付いているのを絵の具で黒く塗ったところです。
先　生　よく頑張りましたね。みんな拍手!
みんな　(拍手)
先　生　Bさんは、Aさんの作品のどこがいいと思いましたか?
Bさん　Aさんが、お芋のおひげをたくさん描いたところがいいと思います。
先　生　Cさんは、どんな感想をもちましたか?
Cさん　私もBさんと同じなのと、土を黒く塗ってあるところがいいと思いました。
先　生　そうですね。おひげがたくさん描いてあって、土を黒く塗っているところがとても上手ですね。Aさん、みんなに褒めてもらってよかったね。みんなもAさんの作品のいいところを見つけられてよかったね。みんな、拍手!
みんな　(拍手)
先　生　それでは次はDさんです、作品を持って前に出てきてください。……

学校での鑑賞会のよくあるシーンです。これは鑑賞会と呼べるでしょうか。「鑑賞」の主役は当然、鑑賞者です。ですがこれでは、作者の作品紹介に留まっています。作者が自作を紹介して、それを他の人が聞いて、「それを描いたんだな」、「そこを工夫したんだな」、「そこを見てもらいたいんだな」ということを受け止めて、先生にたずねられたら、その点をオウム返しする。それが延々と続くのです。こんな鑑賞会は退屈極まりありません。

その原因の一つは、最初に作者が自作の意味や見どころを語ってしまうことにあります。そうすると子供たちも作者に遠慮して、それ以外の点を指摘したり、新しい見方を出したりしにくくなります。「描く、つくる」際には先生は「自由に描きましょう（つくりましょう）」と投げかけるのですが、「見る」際には、見方を制限してしまっていることが多いのです。先生は、このことに気がついていません。作者が自作を発表したり、解説したりすることから鑑賞会がスタートすると、鑑賞の楽しさは奪われがちです。そもそもそれは「鑑賞会」ではなく、「発表会」です。

美術館で、作品の横にいつも作者が立っているでしょうか。そんなことはまずありませんし、作者が作品の横で自作についていちいち語ってきたりすると、見る自由が奪われて、たまったものではありません。学芸員によって書かれた作品解説にしても、それは学芸員（一鑑賞者）の見方にすぎず、作者が書いたものではありません。

鑑賞の楽しさとは、見ることで作品の意味を創造したり、作者の制作を追体験したりすることにあります。鑑賞会は、互いの見方・感じ方の違いを味わい合い、「そんな見方もいいね」、「確かにそう見えるね」と他者を受容し、新しい価値を発見していくことにその醍醐味があります。そして、作者自身さえも自作の見え方が変わり、新しい自分を発見する喜びを得るわけです。鑑賞会を、そんなダイナミックな活動にしていきたいものです。

# 3

# 学習指導要領とのかかわり

## 学習指導要領と鑑賞学習

学習指導要領は、学校教育の目標を達成するための学習指導計画について、その基準を制度として国が示した法令です。その学習指導要領が正式に制度化された昭和33（1958）年度の改訂以降今日に至るまで、小学校「図画工作」においても中学校「美術」においても、「鑑賞」学習は、絵画、彫刻、デザイン、工芸などと並ぶ領域の一つとして、また「表現」と並ぶ2大領域の一つとして位置づけられてきました。

ところが、学習指導要領に明確に位置づけられている「鑑賞」領域の学習指導が、果たして正しく理解され、正しく実践されているだろうか。この疑問が、「鑑賞学習ルーブリック」へと繋がる私たちの研究の出発点にありました。◐1 ここでは、まず、学習指導要領において美術鑑賞の学習がどのように位置づけられてきたのかについて概観しながら、学習指導要領と「鑑賞学習ルーブリック」との関連について見ていきます。

## 「子供中心主義」VS「教科主義」の解消と「確かな学力」

学習指導要領改訂の変遷を概観すると、「子供中心主義」の経験主義か「教科主義」の系統主義か、あるいは「ゆとり」か「詰め込み」か、といった対立した教育観の間を揺れ動いてきたことがわかります。

戦後復興を担う新時代の教育として期待された学習指導要領試案（昭和22［1947］年、昭和26［1951］年改訂）は、米国の進歩的教育の思想を背景とした経験主義教育を輸入したものでした。

しかし、昭和33（1958）年に、学習指導要領を公的教育課程とした際には、「日本の実情に合わない」「科学技術教育を重視し体系的に知識を獲得させていくことが重要」などの批判を背景として系統主義教育へと反転していきます。

その結果、高学歴志向も加わり、受験戦争を背景とした学力偏重、詰め込み教育などが社会問題化します。そこで昭和52（1977）年の改訂で「ゆとり教育」が打ち出されます。「ゆとり教育」は、教科内容を削減する一方で、学習における情意領域を重視する「新学力観」（平成元［1989］年）や「生きる力」（平成10［1998］年）という教育理念を打ち出し、知識や技能に偏重しない総合的な人格形成を目指すものでした。

しかし、その後また国際比較における日本の児童・生徒の学力低下が問題化するなど、ゆとり教育批判が高まる中、「脱ゆとり教育」が叫ばれるようになります。平成18（2006）年には教育基本法が全面改正され、平成20（2008）年には、理数科目を中心に教科の授業時数を増やし、総合学習の時間を削減した「脱ゆとり」の改訂がおこなわれました。

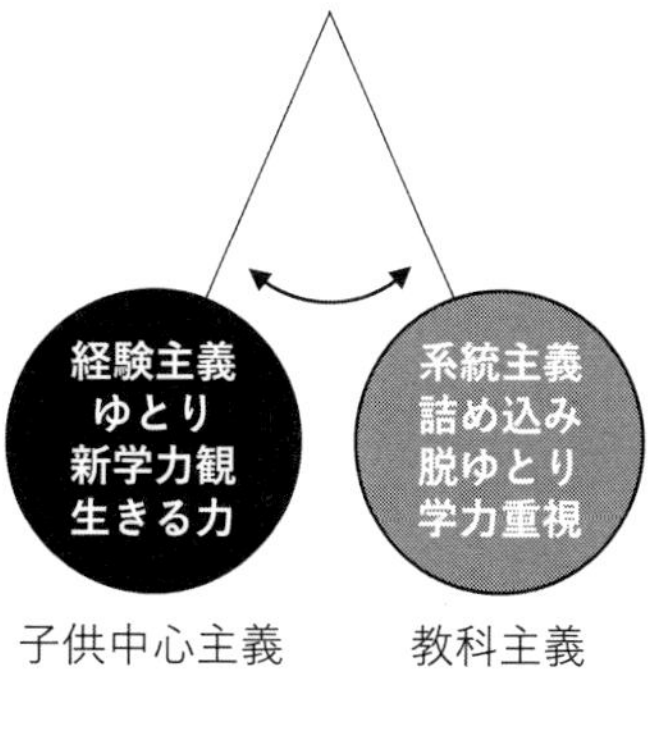


図1　カリキュラム理念の振り子

これらを大きな括りで見れば、学習指導要領の理念が、子供中心主義と教科主義の間を振り子のように揺れ動いてきた**（図1）**と見ることができます。しかし「知識や技能＝認知領域」と「関心・意欲・態度＝情意領域」は共に学力を構成する要素として対立するものではないとする「新学力観」の基本理念そのものは継承されていきました。

そして平成19（2007）年6月の、学校教育法改正で、「生きる力」の3要素として「豊かな心」「健やかな体」とともに「確かな学力」を位置づけ、対立の解消を図ったのです。「確かな学力」を整理すると以下の3点となります。

(1)基礎的な知識・技能の習得
(2)知識・技能を活用して思考力・判断力・表現力等を働かせて課題解決する学習
(3)主体的に学習に取り組む態度による探究的な学び

この考え方をさらに発展させ、具体的な授業の方法や、不断の授業改善を含むカリキュラム・マネジメントにまで言及し改革を目指したのが平成29（2017）年の改訂です。「確かな学力」は、新たに示された「資質・能力」の三つの柱へと引き継がれ、すべての学校段階、すべての教科で統一して、教科の目標を「(1)知識及び技能」「(2)思考力・判断力・表現力等」「(3)学びに向かう力・人間性等」の3観点で示すこととなりました。このように、長年振り子のように揺れ動いてきた「子供中心主義」VS「教科主義」の対立は「確かな学力」の下で解消されたのです。

## 学習指導要領における「鑑賞」の位置づけの変遷

昭和33（1958）年版の小学校「図画工作」の目標には「鑑賞」について示されているものの、内容には、第1学年から第4学年まで「鑑賞」の文字は見られず、「指導上の留意事項（4）」に「鑑賞の指導は、表現活動に付帯して行うようにする。」と示されるのみでした。第5学年、第6学年になってようやく「作品を鑑賞する。」が8領域の一つとして加えられ、配当する年間最低授業時数の割合が5%と示されました。

一方、中学校「美術」は、「A表現」「B鑑賞」の2大領域で示され、「鑑賞」の年間最低授業時数の割合は、第1学年5%、第2学年10%、第3学年20%と、学年に相対して増えていくように示されました。

昭和43（1968）年改訂版では、小学校、中学校ともに、「A絵画」「B彫塑」「Cデザイン」「D工作」「E鑑賞」の5領域で示され、小学校「図画工作」では「鑑賞」の年間最低授業時数の割合を

5%とした上で「ただし、鑑賞の指導は、第4学年までは、主として他の各領域の表現活動に付帯して行なうものとする。」とされ、状況はあまり変わりません。

　中学校「美術」では、第1学年10%、第2～3学年20%と、第3学年は同じですが、第1学年と第2学年は、昭和33年版よりそれぞれ増えています。

　そして、「ゆとり教育」へと大きく舵を切った昭和52（1977）年版では、これまで細分化されていた教科内領域も再び「A表現」と「B鑑賞」という大きな枠組みに整理統合され、各領域の年間最低授業時数の割合は示されなくなりました。従来、その割合を数値で示してきたことが、「鑑賞」を軽視させ、正しい学習指導が十分おこなわれない要因となっていたのではないかと危惧されたのです。


その頃よく耳にしたのが、「ただでさえ授業時数が少なくなっているのに『鑑賞』に時間を割くことなんかできない」「鑑賞は知識偏重で、創造性の育成にはむしろマイナスだ」といった教師たちの声です。美術の表現活動を通して「創造性」を育むことこそが美術教育の大きな目的であると考えられており、名画の鑑賞などは、美術史を背景とした主知的な学習が中心であり、創造性の育成を阻害するものだ、と考えられたのです。

　そして、この傾向はその後も引き継がれます。2003年におこなった筆者らの第1回全国調査[2]でも、「鑑賞学習指導の取り組みに消極的な理由[3]」として、「授業時数が少なくて鑑賞に充てる時間が取れない」（小学校78%、中学校88・2%）が群を抜いて多く見られました。

　しかし、学習指導要領の「鑑賞」領域の内容を見てみると、例えば昭和43（1968）年版の小学校、中学校ともに「気付く」「わかる」「理解する」という知識理解に関する文言が見られはしますが、「話し合う、見わける、比較する、確かめてみる、味わう」（小学校）や「味わう、感じ取る、関心を持つ、たいせつにする、深く味わう、考え、関心が高まる、鑑賞の喜びを持つ、いっそう深く味わう、人間性の向上」といった思考力や判断力、あるいは態度に関わる文言も少なからず見られます。

　さらに、昭和52（1977）年版では、小学校では知識理解に関する文言は一つも見られなくなり、中学校でも、第3学年に「美術が国際理解や親善に果たす役割についても理解すること」という1文にのみ「理解」という文言は見られますが、全体としては心情や態度に関する文言が中心となっています。

　以降、平成10（1998）年改訂、20（2008）年改訂でも同様で、鑑賞の学習が創造性の育成を阻害するというような内容は見られません。平成20年版までは、確かに鑑賞の能力の評価項目は「知識・理解」に分類されていましたが、それだけを全面に出した主知的な内容ではありませんでした。

## 「鑑賞学習ルーブリック」と学習指導要領の関連

　私たちは、学習指導要領への準拠を前提にこの「鑑賞学習ルーブリック」を作成したわけではありません。むしろ、学習指導要領を正しく読み解き、美術の学習における「鑑賞」の重要性の理解と、何よりも、その適切な指導や評価の方法を明確にして、普及させることが必要だと考えたのです。

　ここまで見てきたとおり、小学校でも中学校でも、「鑑賞」領域の学習は決して主知的な内容に偏重してきたわけではありません。むしろ、常にこれらの対立を統合していくことを視野に入れながら示されてきたと考えられます。また、「確かな学力」において「ゆとり」と「詰め込み」の対立を解消しようとした平成20（2008）年改訂の段階から、美術教育の学習を通して育てるべき資質・能力を明確にさせていく方向が模索されていたのです。

　そのような中で、平成29（2017）年改訂で大きく見直されたのは、それまで、一貫して「知識・理解」に分類されてきた「鑑賞の能力」が、三つの柱として整理された資質・能力の「思考力、判断力、表現力等」に分類され、これに対応する「総括目標、各学年の目標（2）」に、「見方や感じ方」を広げ、深めていくことが明記されたことです。

　一方、「鑑賞学習ルーブリック」の観点「（A）見方・感じ方」は、自分なりの見方や感じ方をもち、さらに広げ、深めていくプロセスを具体的な学習者の姿を想定して記述したものです。このルーブリックを用いることで、今回の題材では、どのレベルの姿を求めるのか、目標とする姿を明確にして指導計画を立てることができるようになっています。

　また学習指導要領の内容に示される「造形的な面白さや楽しさ、表したいこと、表し方など、表現の意図や特徴、表し方の変化」（小学校）や「造形的なよさや美しさ、作者の心情や意図と表現の工夫」（中学校）などは観点「（B）作品の主題」や「（C）造形要素とその効果」

などに対応します。

また、「共通事項」として、「A表現」及び「B鑑賞」に共通して働く基礎的な知識の観点から、見方や感じ方を広げながらさらに理解を深めていく姿を「(D)作品にまつわる知識」でとらえます。

さらに「(E)生き方」については、現行の学習指導要領で重視される汎用的な資質・能力としての「学びに向かう力・人間性等」と関わる部分でもあり、今回の学習指導要領での評価観点では「主体的に学習に取り組む態度」と切り分けられた非認知スキルである「メタ認知」「協働性」「価値形成」といった「生き方」に関わる観点に関連します。

このように「鑑賞学習ルーブリック」の観点項目は、学習指導要領で示される「B鑑賞」の目標及び内容に過不足なく対応しています。しかし、鑑賞の学習で目指されるのは、「知識・理解」のような「客観的で数値化しやすい」資質・能力ではなく、「思考力、判断力、表現力等」や「主体的に学習に取り組む態度」といった「数値化しにくい、見えにくい」資質・能力が中心となります。

そこに「鑑賞」の学習指導の難しさがあるのですが、「鑑賞学習ルーブリック」を用いることで、「観点」と、学習者の姿で示した「レベル」をターゲットとして絞り込み、より的確な指導計画や評価を実現させることができるようになります。

また学習指導要領（平成29［2017］年版）では、「主体的・対話的で深い学び」の実現に向けた「不断の授業改善」が求められています。鑑賞学習では、積極的な教師たちが中心となり、「対話による鑑賞」や「アートゲーム」などの新しい指導方法に取り組んできました。そこでも難しいとされてきたのが「評価」の問題です。

ルーブリック評価は、そもそもアクティブ・ラーニングのような授業方法で用いられるパフォーマンス評価の指標として考えられたものであり、「鑑賞学習ルーブリック」も例外ではありません。新しい教育課程が求める課題に、美術教育として積極的に取り組んでいく上でも、「鑑賞学習ルーブリック」を効果的に活用できると考えます。

1) 大橋功「学校教育における鑑賞学習指導の実態と課題――2003年度鑑賞学習指導についての全国調査の考察を通して」、『美術フォーラム21』第11号、美術フォーラム21刊行会、2005、p.109

2) 日本美術教育学会研究部『図画工作科・美術科における鑑賞学習についての調査報告―2003年度全国調査結果―』日本美術教育学会、2004

3) 同上、p.29

# 台湾の美術教育

台灣的視覺藝術教育

台湾には、図画工作科や美術といった教科はありません。では美術教育はおこなわれていないのか？と言うとそうではありません。実は、台湾では、21世紀に入ってすぐに大胆な教育改革がおこなわれ、それまで日本と同じように分かれていた教科が、「語文（言語）」「健康と体育」「社会」「芸術と人文」「自然と生活科技（生活科学技術）」「数学」「総合活動」の七大学習領域に再編されました。そして、日本でいうところの図画工作や美術は、「音楽」、「表演（演技）」とともに「芸術と人文」という領域へと統合されたのです。

台湾教育部によるこの教育改革の基本理念は「教育の目的は、人民の健全な人格、民主の素養、法治の観念、人文的修養、強健な心身、思考・判断・創造の能力を育むことによって、彼ら／彼女らを国家意識と国際的視野を備えた現代的国民にすることである」というものでした。それは、50年にわたる中国国民党の一党統治体制からの初めての政権交代による、台湾アイデンティティの確立をめざす教育改革でもありました。

しかし、性急な改革でもあったため、たとえば音楽を専門とする教員が美術や演劇やパフォーマンスなどの指導をすることの困難性や、その学校に所属する教員の専門性により、指導内容が偏るといった問題点も指摘されてきました。

また、美術や音楽など特定の能力を伸ばすための特別な教育や、飛び級など、小学校段階から、いわゆる「英才教育」をおこなう制度があるのも日本とは大きく異なる点です。しかし、こういった特定分野に優れた素質を伸ばす教育制度を置く一方で、全体としては、「徳育（道徳教育）」、「体育」、「知育」、「群育（集団生活教育）」、「美育（情操教育）」を「五育」と呼び、バランス

画・王子晉《ワンツィージン》《ジェットコースターに乗って大興奮！》

のとれた全人教育を学校教育の柱として掲げています。

近年では、ともすれば作品の制作や鑑賞を内容とする美術教育と同じように考えられてきた「美育」において、身近な生活における美的感性の働きを通して全人格的な成長と、より良い社会の創造をめざす「美感教育」という考え方が重視されるようになってきました。たとえば、学校給食における偏食の問題を解決するために、自分たちで器やテーブルクロスを制作したり、より美味しく見える盛りつけを工夫したりといった実践が美術教育の研究会で発表されたりしています。

また、地域の風土や伝統的な文化などに主題を求めた美術教育の題材も見られます。たとえば、台湾西部の新竹市《シンチク》では、「九降風」と呼ばれる九月の季節風があり、新年度が九月始まりの台湾では、日本の桜の季節のような新学期の風物詩になっています。この「九降風」をテーマにした小学校でのインスタレーションによる造形活動が報告されています。他にも山岳地帯の学校では原住民族の自然と共生する生き方に学ぶ活動や、海辺の学校では、海洋資源と生活をテーマにした活動などの題材開発が進められています。

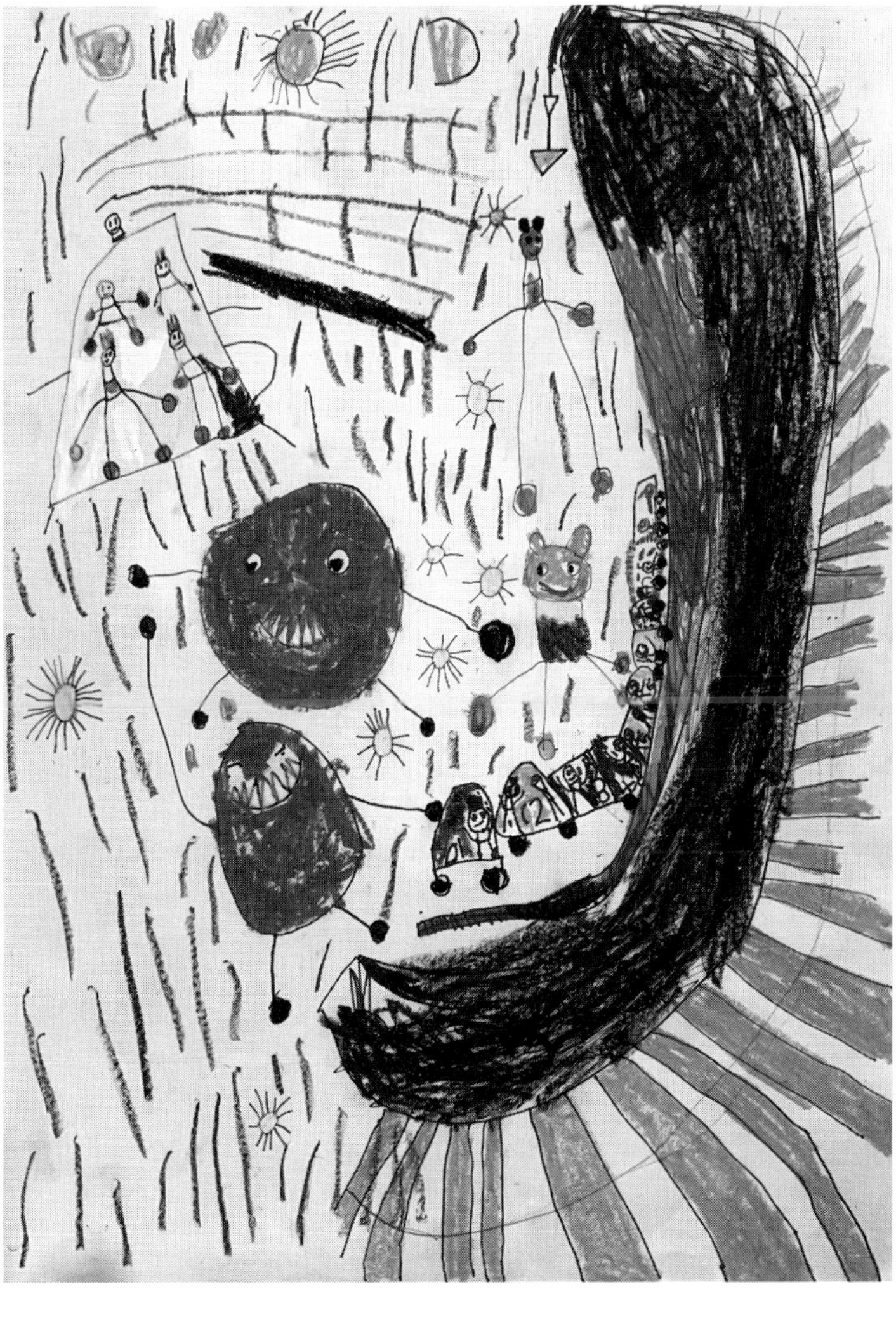

# II 使う

「鑑賞学習ルーブリック」を

# 4

# 「鑑賞学習ルーブリック」を活用した授業づくり

## 学習指導モデルの構成と構造

第II部5では、「鑑賞学習ルーブリック」を活用した授業展開の具体例として、12の学習指導モデルを提案します。ここではその構成と構造について解説します。

前半は、葛飾北斎の浮世絵《富嶽三十六景「神奈川沖浪裏」》を題材とした6観点（「(B) 作品の主題」、「(C)－1 形、色」、「(C)－2 構成・配置」、「(C)－3 材料、技法・様式」、「(D)－1 歴史的位置づけ、文化的価値」、「(D)－2 社会・環境とのつながり」）別の学習指導モデルです。同じ作品でも観点を定めることによって授業の目標が焦点化され、異なる授業展開となることを示しました。

後半の六つは、観点ごとに異なる作品（《愛》《青衣の女》《風神雷神図屏風》《薬師寺・薬師三尊像》《泉》《アルルカンの謝肉祭》・《赤い太陽》を選定しました。日本画や西洋画、書、仏像、現代美術など、どのようなジャンルや表現技法による作品を取り上げた場合にも、「鑑賞学習ルーブリック」を活用することが可能で、明確な目標（ねらい）をもった授業づくりに役立つことを示しました。

例として、54-55ページを見てください。1時間完結を想定した鑑賞の授業の学習指導モデルを、見開きで提示しています。左から「展開」「方法」「レベルとの対応」「観点（A）、（E）との関連」の四つの欄で表しました。また、右上には学習指導モデルで取り扱う観点の題材ルーブリックを示しています。

「展開」には、学習者の主な活動と指導者の発問を時系列で示し、他の項目はその流れに対応しています。「方法」では、授業の進め方や指導上の留意点などについて具体例を挙げながら解説しています。「レベルとの対応」では、4段階のレベルがどのように深まり得るのかを示しています。また、どのような手立てによって各レベルへと導かれるのかについて、実際に想定される学習者の姿と結びつけながら解説しています。

「観点（A）、（E）との関連」では、（B）（C）（D）の各観点を通して達成が想定できる「（A）見方・感じ方」や「（E）生き方」のレベルを示しています。観点（A）や（E）との関連を意識しながら授業を構想することによって、学習者が自分なりの見方や感じ方を広げたり、自分の考え方や世界への関わり方に変化が生じたりする学習の深まりが期待できます。

## 授業の中で取り扱う観点を決める

では、各欄について、学習指導モデルを参照しながら、授業づくりの流れに沿うかたちで、くわしく見ていきます。

まずは、授業をするクラスを分析し、課題や学ばせたいことを明確にします。その上で、「コモンルーブリック」から指標として取り扱う観点を決めます。

学習指導モデルは一つの観点に絞ったかたちで作成していますが、実際には、学習者の学習経験と照らし合わせながら、指導者がそれぞれの観点を組み合わせて、授業を構想します。

## 指標とするレベルを設定する

観点を設定したら、次は、指標とするレベルを決めます。

学習指導モデルの「レベルとの対応」欄を見ると、設定したレベルに到達するために、段階を追って学習が展開されていることがわかると思います。各レベルを達成するために想定される指導者の手立ても挙げています。

「観点（A）、（E）との関連」欄には、学習活動を通して達成を期待する観点（A）及び（E）のレベルを提示しています。

ほとんどの学習指導モデルでは、はじめに全員で静かに作品を鑑賞した後、興味・関心をもった部分や、自分なりの印象について話し合う活動を通して、観点（A）のレベル1の達成を目指しています。どの観点を設定しても、まずは作品を自分なりの見方や感じ方で鑑賞することが学習活動の起点として重要であることが読み取れるでしょう。

また、それを共有する活動の中で、作品の主題や造形要素に着目させることで、観点（A）のレベル2の達成が期待できます。指導者が知識を適切に提供することによって、学習者の見方や感じ方が深まり、観点（A）のレベル3以上の達成が可能であることを示しています。

自他の見方や感じ方を共有していく鑑賞学習を通して、作品との出会いが自分の気持ちや考え方に影響を与えていると気づくことで、観点（E）の各レベルの達成も期待できます。作品が自分の見方や感じ方、考え方を広げたり、深めたりすることに関心をもつことで、観点（E）のレベル1〜2の達成を確認することができます。また作品が自分の、世界への関わり方に変化を与えていると実感している場合には、レベル3以上が達成されているといえるでしょう。学習者の生き方に結びつけていく鑑賞学習を構想する上で、観点（E）との関連を意識することは大切です。

## 題材の研究と題材ルーブリックの作成

扱う観点とレベルが設定できれば、次は取り上げる作品についての「題材ルーブリック」を作成することになります。「題材ルーブリック」については第Ⅰ部2をご覧いただき、作例の実際については、第Ⅲ部7をご参照ください。研究をおこなう際に、おさえておきたい情報の目安については、52–53ページに示しています。

## 展開・方法を構想する

次に全体の流れを構想します。鑑賞学習では、指導者がファシリテーター（進行役）を務め、学習者の気づきや意見を引き出しながら活動を深めていきます。

指導者の考えを押し付けたり、知識を一方的に与えたりするだけの学習は、主体的な活動ではありません。鑑賞学習の基本は、自分なりの見方や感じ方を広げていくことです。そのためには、作品との出会い方が重要です。

　まずは自由に作品を見ることによって、自分なりの印象をもつことができ、主体的に鑑賞しようとする気持ちが生まれます。どの観点やレベルを設定した場合でも、この時間を授業のはじめに保障しておくことが大切です。

　続いて、学習者が作品に対して抱いた印象を自由に発言し、共有できるような発問を設定することが望ましいでしょう（発問の具体例については第Ⅱ部6を参照）。「この絵を見て、気づいたことがあれば教えてください」や「この絵では何が起こっていますか」などが想定されます。指導者は、学習者の発言に対して、共感的な態度を基本姿勢としながら、受容したり賞賛したりして、応答をくり返していきます。自分なりの見方や感じ方を受け入れてもらえるという授業の雰囲気によって、自他の意見を尊重しようとする気持ちも芽生えてくるでしょう。

　さらに、「なぜそう思うのですか」と質問したり、「○○さんの意見に付け足したい人はいますか」などと、学習者同士の意見を関連づけたりしながら、整理していきます。この過程において、本時の授業で扱う観点に関連する学習者の発言を取り上げながら、設定した観点とレベルを意識した展開へと焦点化していきます。

　学習指導モデルには、指導者の発問や予想される学習者の発言の一例も示しました。授業を構想する段階において、学習者の発言や気づきをあらかじめ予測しておくことによって、授業の展開をイメージしやすくなります。

　ただし、授業は学習者と指導者が共につくり上げていくものです。指導計画に沿った授業展開に縛られてしまい、学習者の純粋な発言や気づきを見落とさないことが大切です。

　また、本時の学習の振り返りをどのような形でおこなうのかについても検討しておくとよいでしょう。

### 学習形態や環境を構想する

最後に、具体的な学習環境づくりや作品提示の仕方などについて考えます。

　いずれのモデルも教室での鑑賞学習を想定していますので、基本的に大型図版などを用いて、作品を全員で見ながら授業を進めます。一つの作品を全員で見ることで互いの気づきや発見を共有することができます。複数の作品を比較したり、作品の細部を拡大して確認したりする際には、スライドを用いることも効果的でしょう。学習者が作品を間近で鑑賞したり、前に出て発言したりする活動をおこないやすくするには、全員が作品の前に集まって、床に座る学習形態が想定されます。ワークシートに記入する場合には、バインダーを使用するなどの工夫によって対応できます。

　複数で話し合う活動の際には、図版をグループごとに配付して、机を合わせて座るなどの環境づくりをおこないます。学習者の実態や授業の展開に合わせて、適切な環境を事前に想定しておくことが大切です。

　学習の目標（ねらい）によって「全員で1枚の図版を見る」「グループで1枚の図版を見る」「二人で1枚の図版を見る」「個人で1枚の図版を見る」など、作品の提示の仕方も異なってきます。また教育的な効果も変化します。例えば、二人に1枚の図版を配布すれば、自然と対話が生まれ、作品の全体や部分について細かく見ながら話し合うことができます。できるだけ小人数のグループにすると、発言しやすくなる効果が得られます。

　発表を共有し合う場面では、作者や美術評論家になりきって演説したり、ディスカッションによって自他の考えを交流させたりする方法が考えられます。自分の考えについて、根拠を挙げながら他者に伝えたり、他者の考え方に対して自分なりの意見を述べたりする活動を通して、新たな見方や感じ方を深めていくことができるでしょう。

　環境づくりや共有の仕方についても、事前に検討しておくことが必要なのです。

　第II部で示す学習指導モデルは、あくまでも一例であり、絶対的なものではありません。学習者の発達的側面や学習経験を十分考慮しながら「鑑賞学習ルーブリック」を活用することで、鑑賞の授業を自覚的に構想し、展開し、評価し、その質を高めていくことが可能となり、鑑賞学習指導のさらなる普及や底上げが実現します。

# 5

## 「鑑賞学習ルーブリック」を活用した学習指導モデル

## ❶ 何が、どのように描かれている？

まるで「鷲の爪」を思わせるような波の表現のすさまじさは、北斎が海を描いた多くの作品のなかでもっとも強い吸引力を有しています。富士をその画面にとりこんだ《富嶽三十六景》全46枚のなかでもこの作品は、《凱風快晴《がいふうかいせい》》《山下白雨《さんかはくう》》と並んで「三役」と通称されるほどの傑作です。

画面はまるで悪魔の化身のような大波が、魔の手を伸ばして小舟に襲いかかろうとするスリリングな一瞬です。それは、まさに5000分の1秒の超高速スピードでシャッターを切った瞬間なのです。写真のなかった時代に、それを見ることのできた彼の眼力に驚かされます。この光景は2秒後にはいったいどうなってしまうのでしょう。一方、富士は海上の異変をものともせず、荒れ狂う波の向こうに静かに鎮座しています。動と静のモンタージュ効果です。そして、手前の大きな波の三角形と、遠くの富士の小さな三角形が相似となって近と遠の鮮明な対比がなされています。また、左下の角を中心に左辺を半径とする円を描き、画面の対角線との交点をとると、それはピタリと波頭の先と富士の頂上に当たります。そんな幾何学的な仕掛けもあって、私たちの目は自然と波から富士に移動していくのです。

小舟も、人々も、襲いかかる波濤になすすべもないまま、ただ波に身を任せています。北斎は、その光景を、まるでこの舟に乗っているかのような低い視点からとらえることによって、荒々しくも雄大な大自然の力と、そのなかにあって微動だにしない富士の風格を見事に表現したのです。

た浮世絵師というイメージが定着していますが、実際は彼ほど多彩なジャンルの絵を描いた絵師はいません。役者絵に始まり、豪華な摺りもの、流行小説の挿絵、美人画、博物画、奇想画、漫画、名所絵と、探究のテーマを次々に変えてはそのつど成功を収めました。このレパートリーの広さ、確かなデッサン力と独創的な画面の質の高さは、どんな絵師も及びません。北斎こそ、日本絵画のみならず、世界の巨匠です。1999年に米国の雑誌『ライフ』がおこなった、「この1000年でもっとも重要な業績を残した世界の人物100人は誰か？」というアンケートのなかで、唯一ランクインした日本人は北斎でした。

（松岡宏明著、神林恒道・新関伸也編著『日本美術101鑑賞ガイドブック』三元社、2008、pp.124-125）

# 題材の研究

鑑賞作品について研究する際に、おさえておきたい情報の目安です。❶は見どころ、❷は歴史的背景や社会的位置づけなどを収集したものです。

「鑑賞学習ルーブリック」を活用した学習指導モデル①〜⑥

## 葛《かつ》飾《しか》北《ほく》斎《さい》〔1760（宝暦 10）年〜 1849（嘉永 2）年〕

## 《富《ふ》嶽《がく》三《さん》十《じゅう》六《ろっ》景《けい》「神《か》奈《な》川《がわ》沖《おき》浪《なみ》裏《うら》」》

1831 〜 33（天保 2 〜 4）年　横大判錦絵（浮世絵版画）　約 26×39cm　日本浮世絵博物館ほか

## ❷作品にまつわる知識

この《神奈川沖浪裏》を含む《富嶽三十六景》は、北斎の作品のなかでもとりわけ広く親しまれています。1831（天保 2）年の出版当時も、その奇抜な構図や、西洋から紹介されて間もない化学染料ベルリン・ブルー（通称「ベロ藍」）をふんだんに用いた色彩が、新しもの好きの江戸っ子を喜ばせました。また、本作には、ゴッホが弟テオに宛てた手紙のなかで激賞し、印象派の作曲家ドビュッシーが仕事場に掲げて霊感を受け、交響曲『海』を作曲したというエピソードもあります。

北斎は、画狂人の号が示す通り、生涯新しい表現を求めて次々と画風を変化させていきました。それは 93 回もの引っ越しや 30 数回におよぶ改名と呼応するかのようです。北斎といえば富士を描い

| 葛飾北斎《冨嶽三十六景「神奈川沖浪裏」》 題材ルーブリック | | | |
|---|---|---|---|
| レベル4 ★★★★ | レベル3 ★★★ | レベル2 ★★ | レベル1 ★ |
| 作品から伝わる主題をとらえて批評している。 | 作品から伝わる主題について想像し、説明している。 | 作品から伝わる主題について想像している。 | 作品について興味・関心をもった部分を中心に、意味づけをしている。 |
| 形や色、構図の工夫により、雄大な自然の「動と静」のモンタージュが表現されていることを理解し、根拠を挙げて批評している。 | 形や色、構図の工夫により、自然のどのような姿が表現されているかについて説明している。 | 形や色、構図の工夫により、自然のどのような姿が表現されているかについて触れている。 | 大きな波や富士山、舟など、興味・関心をもった部分を中心に、自分なりの物語を生み出そうとしている。 |

## レベルとの対応

■ 学習者が興味・関心をもった部分について、その理由を引き出すことによって物語が生まれて、**(B) 作品の主題：レベル1** が達成できる。

■ 作品から聞こえてくる物語を紡いでいくことで、自然のどのような姿が表現されているのかについて考え、**(B) 作品の主題：レベル2** をねらう。ただし、まだその質や、根拠となる形や色、構図との関係については考慮しない。[発言例] 自然の強さ・迫力・恐ろしさ、人の弱さ・小ささ、動と静、一瞬、複雑さ、不思議さ、近寄り難さ、自然への畏敬の念など。

■ 作品から伝わる主題と、形や色、構図の工夫を結びつけて説明できるよう促し、**(B) 作品の主題：レベル3** を達成する。主題と以下のような造形要素の結びつきが考えられる。[発言例] 爪のような波、翻弄される人々、悠然とした富士、たくさんの波しぶき、画面下の方ほど濃くなる空、深い青、波の先が山に導かれる幾何学的なしかけ、三つの三角形のリズム、画面左側に要素が集中している構図など。

■ 自らがとらえた主題について、根拠を挙げながら他者に伝えたり、他者の考えに対して自分なりの意見を述べたりすることにより批評し合い、**(B) 作品の主題：レベル4** につなげる。

## 観点 (A)、(E) との関連

■ この活動により、同時に **(A) 見方・感じ方：レベル1** が達成できる。

■ 興味・関心をもった部分や自分なりの物語を語らせる際に、作品の造形要素を織り込むことによって **(A) 見方・感じ方：レベル2** が達成できる。

■ 指導者が、作品の主題に関する知識を提供することによって学習者が自分なりの見方・感じ方につなげることができる。また、クラスの仲間など他者の主題のとらえ方に触れさせることで、学習者自身の見方・感じ方が積極的に深まった場合、**(A) 見方・感じ方：レベル3** 以上が達成できる。

■ 本作の主題を主体的に考えていくことで、自然のとらえ方や世界への関わりに変化が生じた場合、**(E) 生き方：レベル3** 以上が達成される。

「鑑賞学習ルーブリック」を活用した学習指導モデル ①

# 自然がどう描かれているの？

観点：(B)

## 作品の主題

鑑賞作品：葛飾北斎《富嶽三十六景「神奈川沖浪裏」》

| 観点　レベル | |
|---|---|
| (B) 作品の主題 | コモン ルーブリック |
| | 題材 ルーブリック |

### 展開

❶ 作品の主題を想像する。

「この絵では、何が起こっていますか？」

「絵からどんな物語が聞こえてきますか？」

### 方法

■ 学習者の想像を引き出し、作品から聞こえてくる物語を広げ、深める。対話的に進め、対照的な物語は対比させたり、似た物語には追加の意見を求めて想像を深めたりする。さらに違った物語も歓迎する。活動例「お話」をつくる、舟に乗っている人々や富士山に台詞をつける、波の気持ちを考える、音をつける、2秒後にはどうなっているか考える、波や人を身体で表現する、など。

❷ 形や色、構図の工夫と主題との関連を探る。

「この絵で起こっていることや、聞こえてくる物語は、どんな形や色、描き方によって強調されているでしょうか？」

■ 形や色、構図の工夫が主題を効果的に浮かび上がらせていることに気づくようにする。活動例 指導者の解説、グループ活動、ワークシート、ディスカッション、ワールドカフェ、作者になりきり演説、北斎の他の作品や、別の作者による浮世絵作品との比較、など。

■ 学習者がとらえた主題と、形や色、構図の工夫について根拠を示しながら結びつけ、主張できる活動を取り入れる。また、他者の見方に対して意見を述べる機会を設ける。活動例 美術評論家なりきり解説、ディスカッション、プレゼンテーションなど。

| 葛飾北斎《富嶽三十六景「神奈川沖浪裏」》 題材ルーブリック | | | |
|---|---|---|---|
| レベル4 ★★★★ | レベル3 ★★★ | レベル2 ★★ | レベル1 ★ |
| 作品の中の形や色に込められた意味や特徴をとらえて、批評している。 | 作品の中の形や色に込められた意味や特徴について説明している。 | 作品の中の形や色の特徴を指摘している。 | 作品の中の形や色に関心をもっている。 |
| 独特な形をした波濤、富士山の安定感、青と白が織りなす調和などの効果をとらえ、根拠を挙げて批評している。 | 独特な形をした波濤、富士山の安定感、青と白が織りなす調和などについて説明している。 | 波濤の形、青と白のグラデーションなどに気づき、それらが生み出す効果やよさについて触れている。 | 大きな波や富士山、舟などの形や色に関心を向けている。 |

## レベルとの対応

■ 単語でも構わないので、学習者が興味・関心をもった形や色を具体的に挙げさせせることによって、**(C) − 1 形、色：レベル 1** が達成できる。発言例 波がとがっている、富士山が小さい、舟が隠れている、人がならんでいる、しぶきがたくさん、雲も波みたい、青と白がくっきり、空の明暗などが予想される。

■ 挙げられた形や色について、その特徴や効果を語らせることによって、**(C) − 1 形、色：レベル 2** が達成できる。発言例 波の先が爪みたいでこわい、空が下へいくにしたがって暗くなっているので夕方かな、青と白がくり返されていてきれい、富士山と波の色が似ているから合っている、など。

■ 形や色と作品の主題を結びつけ、根拠づけて説明することを通して、**(C) − 1 形、色：レベル 3** が達成できる。また、自らが取り上げた特徴ある形や色について、根拠を示しながら他者に伝えたり、他者の考えについて自分なりの意見を述べたりすることにより批評し合い、**(C) − 1 形、色：レベル 4** につなげる。

## 観点 (A)、(E) との関連

■ 興味・関心をもった形や色について学習者それぞれが他の何かに例えたり、感じたことや知っていることと結びつけることで、**(A) 見方・感じ方：レベル 1** が達成できる。また、学習展開の中で作品全体への興味・関心が深まった場合、**(A) 見方・感じ方：レベル 2** に至る。

■ 形や色に関して学習者が互いに語り合うことを通して、他者の見方から刺激を受け、それを受容したり、自己の見方・感じ方を確かめたりすることができた場合や、指導者からの情報提供によって自分なりの見方・感じ方が更新された場合、**(A) 見方・感じ方：レベル 3** 以上が達成される。

■ 自然や人間をどのように形や色で解釈していくかによって、自然のとらえ方や世界への関わりに変化が生じた場合、**(E) 生き方：レベル 3** 以上が達成される。

「鑑賞学習ルーブリック」を活用した学習指導モデル②

# 波はどんな形？どんな色？

観点：(C)－1

## 形、色

鑑賞作品：葛飾北斎《富嶽三十六景「神奈川沖浪裏」》

| 観点 | | レベル |
|---|---|---|
| (C)<br>造形要素とその効果 | (C)－1<br>形、色 | コモンルーブリッ |
| | | 題材ルーブリッ |

| 展開 | 方法 |
|---|---|
| ❶ 作品の中にある形、色を見つける。<br>「この絵の形や色で、どこに目がいきますか？」 | ■ 学習者がそれぞれ見つけた形や色をすべて全員が確認できるようにするために、発言をくり返したり、言い換えて確認したりする。また、板書したり、作品図版に書き込んだり、付箋を付けたりして可視化する。形を表す言葉と色を表す言葉に分けてみることで整理する。 |
| ❷ 見つけた形や色に注目する。<br>「どんな形をしているかな？」<br>「何に例えられるかな？」<br>「何色《なんしょく》使われているかな？」<br>「色はどんなふうに変化しているかな？」 | ■ 形や色の特徴やおもしろさを引き出す。そのステップとして、見つけた形を他の何かに例えてみたり、幾何図形に置き換えたりする。活動例 手や身体全体で波や舟、人、富士山を表現してみる、定規やコンパスを当てるなどして、画面の中に丸や三角などを見つける、使われている色を数えたり、身の回りにある色と結びつけたり、配色カードから使われている色を探したりする、など。 |
| ❸ 形や色の造形的な効果を探り、作品の主題との関係を考える。<br>「なぜこんな形で描いたのかな？」<br>「作者はなぜこんな色を選び、こんな組み合わせにしたのかな？」 | ■ 特徴のある形や色が浮かび上がらせる作品の主題について、根拠づけて述べる機会を設ける。活動例 ディスカッションやプレゼンテーションなど。北斎が描いている他の波の作品と比較することによって、作者の個性に気づかせることもできる。 |

| 葛飾北斎《富嶽三十六景「神奈川沖浪裏」》 題材ルーブリック | | | |
|---|---|---|---|
| レベル4 ★★★★ | レベル3 ★★★ | レベル2 ★★ | レベル1 ★ |
| 作品の構成や配置に込められた意味や特徴をとらえて、批評している。 | 作品の構成や配置に込められた意味や特徴について説明している。 | 作品の構成や配置の特徴を指摘している。 | 作品の構成や配置に関心をもっている。 |
| 波と富士山の遠近感、大小の対比、くり返される三角形の構図、対角線上にある波頭の先や山頂の位置などの効果をとらえ、根拠を挙げて批評している。 | 波と富士山の遠近感、大小の対比、くり返される三角形の構図、対角線上にある波頭の先や山頂の位置などについて、説明している。 | 波と富士山の遠近感、大小の対比、くり返される三角形の構図、対角線上にある波頭の先や山頂の位置などについて、触れている。 | 大きく描かれた波や小さく描かれた富士山、それぞれの位置などに関心を向けている。 |

## レベルとの対応

■ 波や富士山などの大きさや画面への入れ方、位置について具体的に挙げていくことで、**(C)－2 構成、配置：レベル1** が達成できる。

■ 波や富士山、舟、空などの大きさや配置、画面上における関係について自らの考えを発言することで **(C)－2 構成、配置：レベル2** が達成でき、さらにそれを根拠をもって説明することで **(C)－2 構成、配置：レベル3** をねらうことができる。

■ 左記の活動例などを通して、学習者が自分なりの見方について根拠を挙げながら価値判断したり、それを他者に伝えようとしたり、また、他者の考えに対して自分なりの意見を述べたりすることにより批評し合うことで、**(C)－2 構成、配置：レベル4** へアプローチする。

## 観点(A)、(E)との関連

■ 波や富士山について、その大きさや画面への入れ方に注目させることで、**(A) 見方・感じ方：レベル1** が達成できる。また、それが学習展開の中で作品の主題や造形要素に向かう場合、**(A) 見方・感じ方：レベル2** に至る。さらに、指導者から作品に関する知識を得たり、学習者同士の交流を通して作品の構成や配置に対する考えに刺激を得たりした場合、**(A) 見方・感じ方：レベル3** の達成が可能になる。

■ 作品における構成や配置の工夫によって、主題をより鮮明に表現することができたり、印象を変えることができたりすることを知り、美術への自分の考え方が深まることで、**(E) 生き方：レベル2** に到達できる。また、そのことで、自然に対する自分の態度に変化を感じたり、世界への関わり方に影響した場合、**(E) 生き方：レベル3、4** へとつながる。

# 波かと思ったら…

観点：(C)－2

## 構成・配置

鑑賞作品：葛飾北斎《富嶽三十六景「神奈川沖浪裏」》

| 観点 ＼ レベル | | |
|---|---|---|
| (C)<br>造形要素とその効果 | (C)－2<br>構成・配置 | コモン<br>ルーブリック |
| | | 題材<br>ルーブリック |

### 展開

❶ 作品の画面構成、造形要素の配置を探る。

「波（富士山、空）は、どこに、どのように描かれていますか？」

「富士山と波の形、あるいはその関係で気づいたことはありますか？」

「どうしてこんなに空が広く描かれているのでしょうか？」

### 方法

■ 作品の中の数々の要素（モチーフ）が、どの位置にどんなふうに表されているか、学習者全員の見方を共有する。要素別に考えたり、要素同士を対比させたりする。活動例 定規やコンパスを当てる、作品図版に線や円を描き入れる、図版の一部を隠す、レーザーポインターで画面の動きを示す、身体で表現してみる、など。

■ 画面構成と配置に関する学習者の発言を意図的に取り上げる。発言例「これは富士山じゃない？ 波と似ているよね」「小さいのでずいぶん遠くにあるのでは？」「波の先を追っていくと山頂のところにくる」「画面の半分近くが空だ」。

---

### 展開

❷ 画面構成、配置の工夫が作品の主題をどのように浮かび上がらせるか考える。

「このように構成、配置することで、どんな効果が生まれるでしょうか？」

### 方法

■ 画面の中の個々の要素をばらばらに見るのではなく、全体の構成や配置、その関係性を多角的に分析できるようにする。また、波や舟の動に対する富士山の静、富士山と波の相似形（三角形）やそのくり返しなど、要点への気づきをとらえて共有しながら、構成や配置の工夫、その意図について考えるようする。気づきが弱い場合は、教師の発問により促す。活動例 波や富士山の大きさや位置を変えて印象の違いを検証してみる、構成や配置の視点から本作の主役は何なのかについてディスカッションする、「動と静」などのテーマを設けて本作について話し合う、など。

| 葛飾北斎《富嶽三十六景「神奈川沖浪裏」》 題材ルーブリック | | | |
|---|---|---|---|
| レベル4 ★★★★ | レベル3 ★★★ | レベル2 ★★ | レベル1 ★ |
| 作品の材料や技法・様式の意味や特徴をとらえて、批評している。 | 作品の材料や技法・様式の意味や特徴について説明している。 | 作品の材料や技法・様式の特徴を指摘している。 | 作品の材料や技法・様式に関心をもっている。 |
| 多色摺木版の特徴や制作工程について理解し、その意味や特徴をとらえ、根拠を挙げて批評している。 | 多色摺木版の特徴や制作工程について、その意味や特徴を説明している。 | 木版画による表現の効果や特徴について触れている。 | 木版画に関心を向けている。 |

## レベルとの対応

■ 作品を詳しく見て、この作品はどんな材料でつくられているかについて疑問をもったり、考えを述べたりすることで、**(C)－3 材料、技法・様式：レベル1** が達成できる。

■ 多色木版技法ならではの表現の効果や摺りにおける違いを指摘することで、**(C)－3 材料、技法・様式：レベル2** に至ることができる。
■ 制作工程を知り、浮世絵版画の多色木版技法について発表し合ったりすることで、**(C)－3 材料、技法・様式：レベル3** が達成できる。

■ 浮世絵が、版画という形態をとることで可能にしたことについて、その材料や技法、工程と関連づけて自分なりの意見を述べたり、他者の意見を聞いて批評し合うことによって、**(C)－3 材料、技法・様式：レベル4** が達成できる。

## 観点(A)、(E)との関連

■ この作品の材料や技法に着目し、その効果に関心を寄せることで **(A) 見方・感じ方：レベル1** が、また、それが主題や造形と関係することに興味をもつことで **(A) 見方・感じ方：レベル2** が達成できる。

■ 材料や技法の特徴を知り、他者のとらえ方との違いに刺激を受けながら、自分なりの見方・感じ方をもつことができれば、**(A) 見方・感じ方：レベル3** が達成できる。また、それを分析的に表明する機会を得ることで、**(A) 見方・感じ方：レベル4** に至ることができる。

■ 版画の分業による制作工程や流通方法により、多くの庶民に親しまれる存在になり得た浮世絵について知ることにより、自身の生き方や世界への関わり方に刺激を受けたならば、**(E) 生き方：レベル3** 以上が達成される。

料金受取人払郵便

本郷局承認

4682

差出有効期限
2023年3月14日
まで
（切手不要）

郵便はがき

113-8790

（受取人）
文京区本郷1—28—36
鳳明ビル1階

株式会社三元社　行

1138790　17

| お名前（ふりがな） | 年齢 |
|---|---|
| ご住所（ふりがな）<br>〒<br>（電話 | |
| Email（一字ずつ正確にご記入ください） | |
| ご職業（勤務先・学校名） | 所属学会など |
| お買上書店　市 区・町　書店 | |

20210224/1000

## 愛読者カード

ご購読ありがとうございました。今後、出版の参考にさせていただきますので、各欄にご記入の上、お送り下さい。

本書を何でお知りになりましたか

□書店で　□広告で（　　　　　　　）　□書評で（　　　　　　　）

□人からすすめられて　□本に入っていた（広告文・出版案内のチラシ）を見て

□小社から（送られてきた・取り寄せた）出版案内を見て　□教科書・参考書

□その他（　　　　　　　　　　　　　　　）

新刊案内メールをお送りします　□ 要　□ 不要

本書へのご意見および今後の出版希望（テーマ、著者名）など、お聞かせ下さい

ご注文の書籍がありましたらご記入の上お送り下さい。

（送料500円／国内のみ）

ゆうメールにて発送し、代金は郵便振替でお支払いいただきます。

| 書　名 | 本体価格 | 注文冊数 |
|---|---|---|
| | | 冊 |
| | | 冊 |

ttp://www.sangensha.co.jp

# 同じだけれど、同じじゃない？

観点：(C)－3

## 材料、技法・様式

鑑賞作品：葛飾北斎《富嶽三十六景「神奈川沖浪裏」》

| 観点 | | レベル |
|---|---|---|
| (C) 造形要素とその効果 | (C)－3 材料、技法・様式 | コモン ルーブリック |
| | | 題材 ルーブリック |

| 展開 | 方法 |
|---|---|
| ❶ 作品が、どんな材料を使って、どのような技法でつくられているのかを探る。<br>「この作品の大きさはどれくらいでしょうか？」<br>「どんな材料が使われていますか？」<br>「空にうっすら見える模様は何かな？」 | ■ 形や色、構成や配置からいったん離れて、作品の材料や技法に注目するようにする。活動例 実物大の図版を配布し気づきを話し合う、空の部分に残る木目に注目する、など。<br>■ 情報を提供することにより、版画であることの気づきを促す。活動例 本物が何枚も存在することを知る、たくさんの美術館が所蔵していることを知る、摺りの違う図版を見る、など。 |
| ❷ 本作が木版画であることを踏まえ、材料や技法の特徴を分析する。<br>「実物大の絵を見て、気づいたことはありませんか？」<br>「同じ絵が何枚もつくれるのはなぜ？」 | ■ 多色木版画の制作で使用する材料とそれが生み出す効果について考えるようにする。活動例 手元の図版とスライドの違いを指摘する、摺りによる違いを指摘する、どれが自分の好みか発表し合う、など。<br>■ 多色木版画の制作の工程とそれが生み出す効果について考えるようにする。活動例 何色使っているかを数える、版をいくつ使っているか想像する、摺りの色別順序を考える、など。 |
| ❸ 浮世絵が版画であることの意味を考える。<br>「多くの人々が手に取ることができた意味を考えよう」 | ■ 浮世絵が、版画という形態をとることで可能にしたことを想像するようにする。活動例《富嶽三十六景》の主題と版画技法の関係を探る、浮世絵版画について広く調べる、絵師・彫り師・摺り師という分業の工程についてのビデオを視聴する、版元の存在とその役割について調べる、など。 |

| 葛飾北斎《富嶽三十六景「神奈川沖浪裏」》 題材ルーブリック | | | |
|---|---|---|---|
| レベル4 ★★★★ | レベル3 ★★★ | レベル2 ★★ | レベル1 ★ |
| 作品が美術の歴史にもたらした意義や文化的価値を理解し、批評している。 | 作品が美術の歴史にもたらした意義や文化的価値について説明している。 | 作品が美術の歴史にもたらした意義や文化的価値について想像している。 | 作品が美術の歴史にもたらした意義や文化的価値に関心をもっている。 |
| 浮世絵が江戸時代の庶民文化として確立し、西洋絵画にも大きな影響を与えたことを理解した上で、作者の歴史上の存在の大きさについて批評している。 | 浮世絵が江戸時代の庶民文化として確立し、西洋絵画にも大きな影響を与えたことと、その中での作者の存在の大きさを説明している。 | 浮世絵作品の中における作者の存在の大きさを想像している。 | 浮世絵作品と、作者について関心を向けている。 |

## レベルとの対応

■ 作品を見て作者の人物像を想像することで、**(D) − 1 歴史的位置づけ、文化的価値：レベル1** が達成できる。

■ 他の画家の浮世絵作品とくらべるなどして、北斎の個性や画業への姿勢を想像した場合、**(D) − 1 歴史的位置づけ、文化的価値：レベル2** が達成できる。

■ 浮世絵版画の流行によって、江戸時代の視覚文化に変化がもたらされ、庶民文化として確立したことに気づくこと、また西洋絵画にも大きな影響を与えた浮世絵師の存在の大きさに気づくことによって **(D) − 1 歴史的位置づけ、文化的価値：レベル3** が達成できる。

■ 歴史上における浮世絵作品や北斎の存在の大きさについて、世界への影響を踏まえた上で、自分なりの考えを、根拠をもって評価したり、批評したりすることができると **(D) − 1 歴史的位置づけ、文化的価値：レベル4** が達成できる。

## 観点 (A)、(E) との関連

■ 北斎が画業に掛けた執念や独自の人生観から自分の気持ちや考え方が揺さぶられた場合、**(E) 生き方：レベル1〜2** が達成できる。

■ 北斎の人生やその作品、また江戸時代の浮世絵版画が後世や海外の画家に与えた影響を知ることによって、自分の考え方や世界への関わり方に変化を実感した場合に **(E) 生き方：レベル3** に達することができる。また、それが自身の生き方を省みることにつながる場合、**(E) 生き方：レベル4** に至ることができる。

「鑑賞学習ルーブリック」を活用した学習指導モデル⑤

# すごいよ、浮世絵

観点：(D)－1

## 歴史的位置づけ、文化的価値

鑑賞作品：葛飾北斎《富嶽三十六景「神奈川沖浪裏」》

| 観点＼レベル | | |
|---|---|---|
| (D)<br>作品にまつわる知識 | (D)－1<br>歴史的位置づけ、文化的価値 | コモン<br>ルーブリック |
| | | 題材<br>ルーブリック |

### 展開 / 方法

❶ 作者や浮世絵版画の特徴について考える。

「この絵は、どんな人が描いたのでしょうか?」

「版画は一枚しかない絵画と何が違うのでしょうか?」

■ 北斎の人生（93回の引越し、30数回に及ぶ改名など）やその画業（役者絵、挿絵、美人画、漫画、名所絵など多彩なジャンルを描いたこと、レパートリーの広さ、確かなデッサンなど）を紹介する。活動例 作品から作者の人柄や性格を想像してみる、他の浮世絵版画と比較して作者の個性を浮き上がらせる、北斎の伝記を読む、など。／グループ活動、ディスカッション、ワールドカフェ、ワークシート、など。

■ 本作は《富嶽三十六景》の中の1点で、版画による名所絵であり、大量に印刷されて販売されたことで町人に広まるなど、江戸時代の庶民に愛された作品であることに気づかせる。活動例 版画が一点ものの絵画と違う点を話し合う、《富嶽三十六景》の他の作品を鑑賞し違いや共通点を見つける、名所絵が人々にどんな気持ちを抱かせたか考える、など。

❷ なぜ、浮世絵版画が江戸時代に人気を博し、海外の画家に影響を与えたのかについて考える。

「この絵はどんな人たちに買われたのでしょうか?」

「海外の画家は浮世絵からどんなことを学んだのでしょうか?」

■ 江戸時代の大衆の旅趣味や娯楽、文化との関連の中で浮世絵をとらえる。活動例 他の名所絵を探す、名所絵の風景を現在の写真と照合してみる、など。／カルタや作者当てゲーム、お話づくり、など。

■ ジャポニズムの流行で海外の画家に浮世絵が影響を与えたことを理解させる。活動例 印象派の油彩画と比較し浮世絵の色彩や構図からの影響を探る、浮世絵を模写したゴッホの作品と比較する、モネの庭やアトリエ写真を参照する、ドビュッシーの交響曲《海》を聴く、など。

| 葛飾北斎《富嶽三十六景「神奈川沖浪裏」》　題材ルーブリック | | | |
|---|---|---|---|
| レベル4　★★★★ | レベル3　★★★ | レベル2　★★ | レベル1　★ |
| 作者の考え方や作品が社会や環境に与えた影響について理解し、批評している。 | 作者の考え方や作品が社会や環境に与えた影響について説明している。 | 作者の考え方や作品が社会や環境に与えた影響について想像している。 | 作者の考え方や作品が社会や環境に与えた影響に関心をもっている。 |
| 庶民に愛された江戸時代の浮世絵作品の中でも、作者独自の表現が人々の自然のとらえ方を変化させ、想像力を駆り立てたことについて理解し、批評している。 | 庶民に愛された江戸時代の浮世絵作品の中でも、作者独自の表現が人々の自然のとらえ方を変化させ、想像力を駆り立てたことを説明している。 | 庶民に愛された江戸時代の浮世絵作品の中でも、作者独自の表現が人々の自然のとらえ方をどのように変化させたかについて想像している。 | 江戸時代に、作者独自の表現が人々の自然のとらえ方を変化させたことに関心を向けている。 |

## レベルとの対応

■ 作者独自の表現が当時の人々を驚かせたことに関心をもつことで、**(D) − 2 社会・環境とのつながり：レベル 1** を達成できる。

■ 作者独自の表現が、当時の人々の、特に自然の見方・感じ方にどのような変化をもたらしたかを想像する場合、**(D) − 2 社会・環境とのつながり：レベル 2** を達成できる。

■ 作者独自の表現を分析し、それが当時の人々や現在の私たちにどのように影響したか（するか）について、社会背景を理解しながら説明することで、**(D) − 2 社会・環境とのつながり：レベル 3** が達成できる。また、美術が社会の中に存在することを踏まえて、北斎や浮世絵版画を自分なりに評価し、他者に根拠を示しながら批評することで、**(D) − 2 社会・環境とのつながり：レベル 4** が達成できる。

## 観点 (A)、(E) との関連

■ 美術作品が、時を超えて自分の気持ちに影響を与えることに関心をもつことで **(E) 生き方：レベル 1** が達成できる。また、自分の考え方に何らかの変化をもたらすことを自覚できる場合、**(E) 生き方：レベル 2** に至ることができる。

■ 作者の驚異的な描写力が、日常の様々な対象を観察するまなざしや日々描き続けることで培われたことに思いを馳せ、自らの世界への関わり方が変化することを実感する場合に **(E) 生き方：レベル 3** が達成できる。また、自身の生き方を振り返ったり、今後に生かす視点を見つけられたりすることなどによって、**(E) 生き方：レベル 4** が達成できる。

# 驚くべき北斎さんの眼

観点：(D)－2

## 社会・環境とのつながり

鑑賞作品：葛飾北斎《富嶽三十六景「神奈川沖浪裏」》

| 観点＼レベル | | |
|---|---|---|
| (D) 作品にまつわる知識 | (D)－2 社会・環境とのつながり | コモンルーブリッ |
| | | 題材ルーブリッ |

### 展開

❶ 作者独自の表現を探る。

「この絵のすごさは、どんなところでしょうか？」

「カメラもなかった時代に、どうやってこの波を見たのでしょうか？」

「他の浮世絵師の表現と、どう違う？」

「絵の中を、動くものと静止しているものに分けてみよう」

### 方法

■「大波の一瞬の形」をとらえた作者の鋭い観察眼と描写力（表現力）に気づかせるとともに、波を強調した描き方に注目するようにする。カメラのない時代に、一瞬の波の動きをとらえた北斎の才能を知る。大きくうねる波に対し、遠方に静かに鎮座する富士山の対比から「遠近感」や「動と静」にも気づくようにする。活動例 北斎の作品（例えば「波」が描かれたもの、富士山のある風景、幽霊など）を複数見てその共通性を浮かび上がらせる、叙情的な広重作品と対比させ北斎独自の表現を探る、カメラで撮った波の写真と比較してみる、波や富士山の大きさを変えてみる、など。

---

❷ 作者独自のとらえ方・表現の仕方が、当時の人々のみならず、現在の私たちの想像力をも駆り立てることを認識する。

「この波の表現は当時の人々の眼にどのように映ったでしょうか？」

「みなさんには波はこのように見えますか？」

「北斎の他の作品とくらべて、共通点や違いを見つけてみよう」

■ 作者独自の自然のとらえ方・表現の仕方が、当時の人々にどのように受け入れられたかを時代背景と関連づけながら想像するようにする。活動例 本作がどのくらいのシャッタースピードで撮った写真に近いか調べてみる、《江都駿河町三井見世略図》や《駿州江尻》などとの季節や天候の違いの描き分けに注目する、江戸時代の人々の暮らしを調べ浮世絵の存在の意味を話し合う、など。／指導者の解説、学習者のグループ活動、ディスカッション、ワールドカフェ、ワークシート、など。社会科（歴史）との連携も考えられる。

ました。43年間の生涯でフェルメールが描いた作品は30数点です。初期の作品には宗教画が数点ありますが、圧倒的に多いのが室内を描いた風俗画です。作者はリアリティを描くために、最先端技術のカメラ・オブスキュラを用いて下絵を描いたり、流行の家具・小道具（机・椅子、衣類、装飾品、地球儀、地図など）をモチーフにしたりしました。

1663年頃
カンヴァス、油彩　46.5 × 39cm
アムステルダム国立美術館

「鑑賞学習ルーブリック」を活用した学習指導モデル ⑨

## 俵《たわら》屋《や》宗《そう》達《たつ》

〔17世紀前半に活躍〕

# 《風《ふう》神《じん》雷《らい》神《じん》図《ず》屏《びょう》風《ぶ》》

二曲一双という、左右それぞれが二つに折れる一組の屏風です。この形式は宗達（17世紀前半に活躍）以前には見られません。国宝に指定される名作。そのゆえんは、屏風を立てた時にこそ出現する、向かい合う風神と雷神の迫力、二体の他は何も描かず太鼓や天衣を画面から切って空間を広く見せている構図、どこかユーモラスな表現などにあります。宗達は、京都で絵の工房「俵屋」を営んでいた町絵師。書の大家、本阿弥光悦《ほんあみこうえつ》との共同制作もあり、高い技術者の称号「法橋《ほっきょう》」の地位を朝廷から授かりました。没後、この絵に私淑した尾形光琳《おがたこうりん》（1658-1716）がこれを模写し、それを光琳の没後さらに酒井抱一《さかいほういつ》（1761-1828）が模写したことから、琳派の系譜が生まれました。

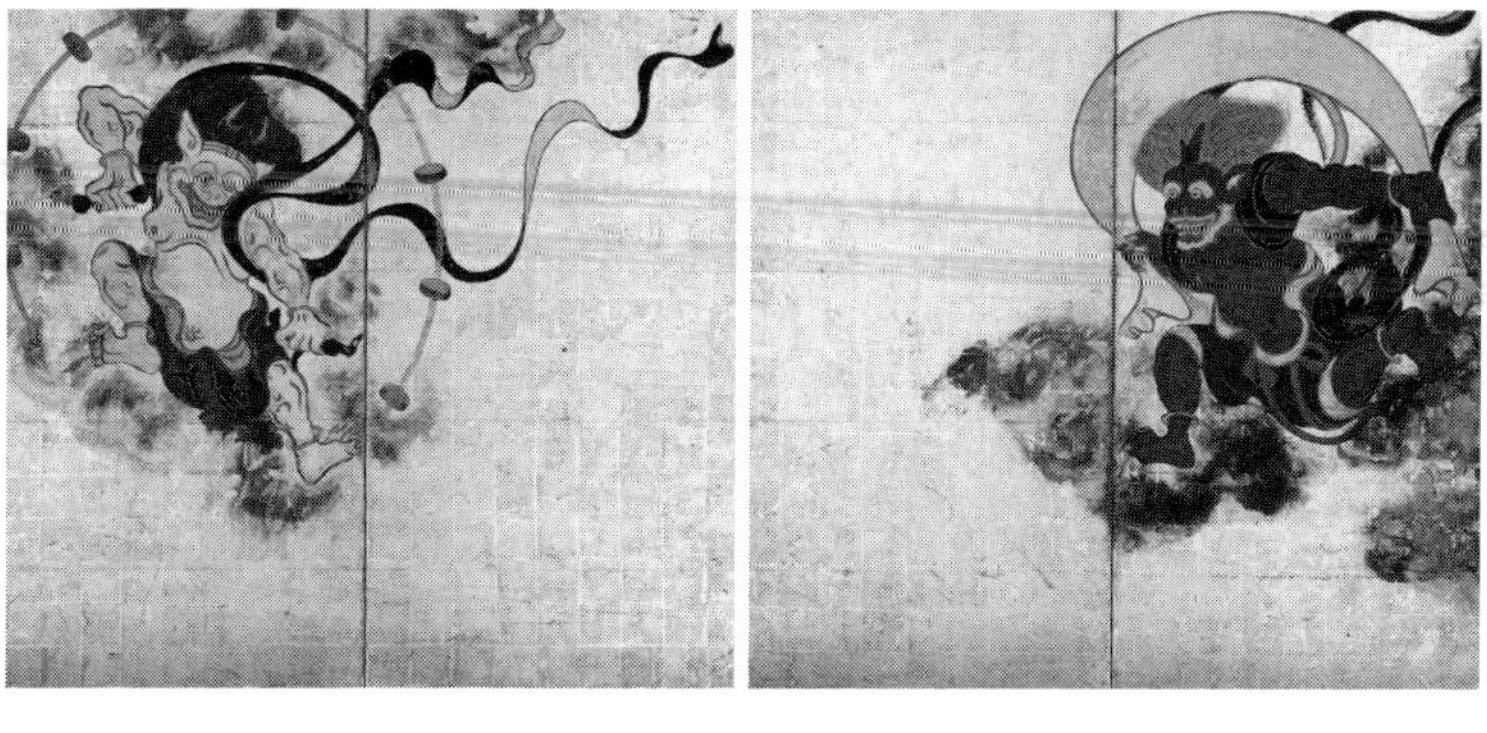

17世紀前半
屏風（二曲一隻）
紙本金地着色
各154.5×169.8cm
京都、建仁寺

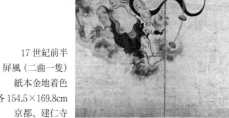

## 作品について

学習指導モデル⑦～⑨でとりあげる作品についての簡単な解説です。設定する観点やレベルに合わせてさらに情報を収集し、実践に臨みます。

「鑑賞学習ルーブリック」を活用した学習指導モデル ⑦

# 上《うえ》田《だ》桑《そう》鳩《きゅう》

〔1899（明治32）年～ 1968（昭和43）年〕

# 《愛《あい》》

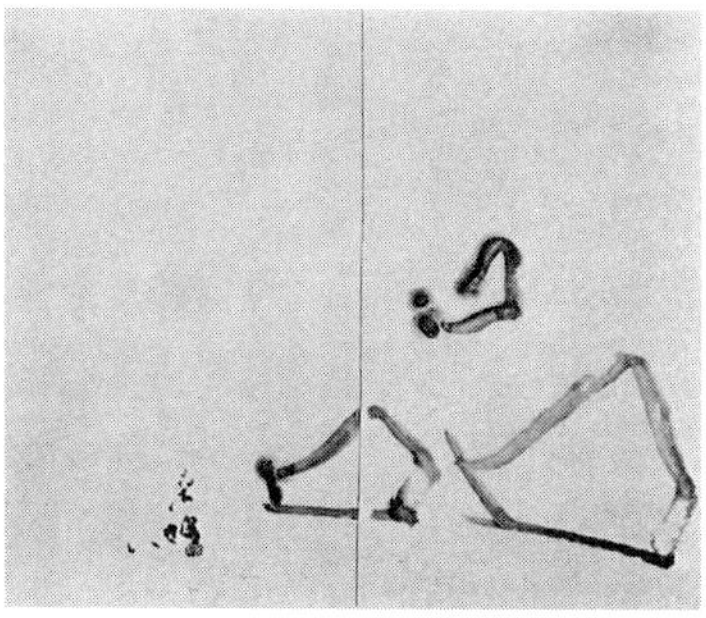

1951（昭和26）年
屏風（二曲一隻）
紙、墨　134.5×159.2cm
個人蔵

墨・紙・毛筆を用いた表現で、余白を大きく残した作品です。「品」という文字を題材とするように見えますが作品の題名は《愛》です。1951（昭和26）年に制作された本作は、大規模公募展「日展」に出品して落選となります。当時の書表現は、「杜甫の詩」や「万葉集より十首」などのように、書く題材と作品の題名、表現の形式は一致するのが常でした。芸術の目的は個性の発揮にあるとする比《ひ》田《だ》井《い》天来《てんらい》のもとで学んだ桑鳩は、主体性に基づいた古典研究を目指し、自らの表現を模索しました。戦後の書は、社会の再生や自己の回復というテーマと連動して展開していきます。《愛》は、「表現とは何か」を直接問いかけてくる力をもっています。

「鑑賞学習ルーブリック」を活用した学習指導モデル ⑧

# ヨハネス・フェルメール

〔オランダ／ 1632年～ 1675年〕

# 《青《せい》衣《い》の女《おんな》》

「色彩の魔術師」と形容されるフェルメールが描いた本作は、静寂さに満ちた室内で手紙を読む女性を描いたものです。作者が生きた17世紀のオランダは大航海時代にあり、ヨーロッパ随一の裕福な先進国でした。商業が発達し、市民階級が力を持ち始めたことが影響し、絵画の需要が宗教画からリアリティに富む風俗画へと移り

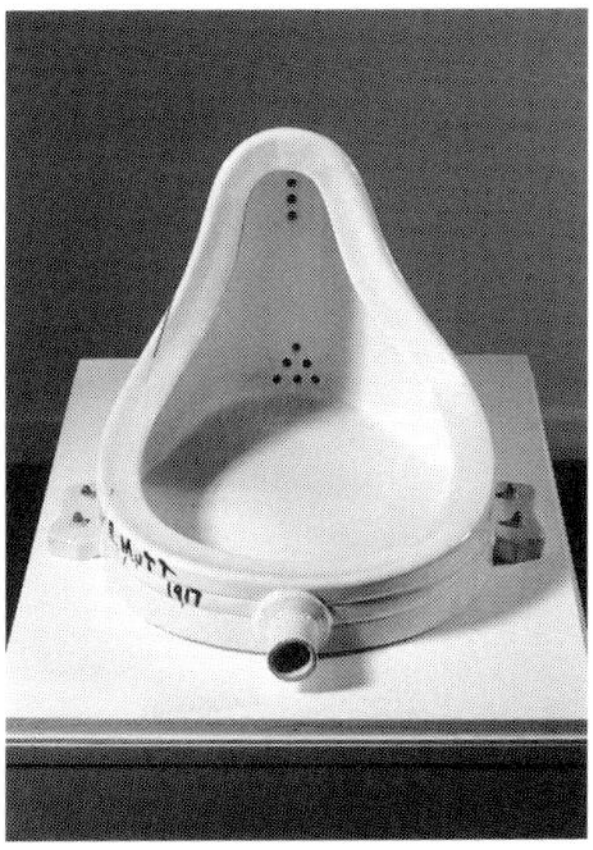

1917年（1964年に複製）
既製品　63×46×36cm
ミラノ、ガレリア・シュワルツ

のです。アートの技術は、手わざに限らず、何かを「発見」した感動的な体験を共有することにあります。ここから「レディメイドのオブジェ」「オブジェ・トゥルヴェ（発見のオブジェ）」という言葉が生まれました。

「鑑賞学習ルーブリック」を活用した学習指導モデル ⑫

## ジョアン・ミロ

〔スペイン／1893年～1983年〕

# 《アルルカンの謝《しゃ》肉《にく》祭《さい》》（左）
# 《赤《あか》い太《たい》陽《よう》》（右）

ミロの作品は、詩人・文学者のアンドレ・ブルトンが主催したシュルレアリスム運動に1924年から参加して以降、具象的表現から抽象的表現へと変化します。この運動の特徴は、精神の自由の獲得と無意識の表面化です。作者は無意識や夢の世界の非合理な幻想を作品に積極的に取り上げるために、筆で描いたり自動記述（ドリッピング、コラージュなど）を用いたりしました。ミロの表現の特徴は、固定観念にとらわれない「遊び」を大切にする心、自然（モチーフ）の形体の本質を表現することを目指して記号化した独自の造形言語（音楽、星、人体、動物など）を駆使した表現世界です。ブルトンは、ミロの作品こそが真のシュルレアリスムであると称賛しました。

1924～25年　カンヴァス、油彩　66×93センチ
ニューヨーク、オルブライト＝ノックス・アート・ギャラリー

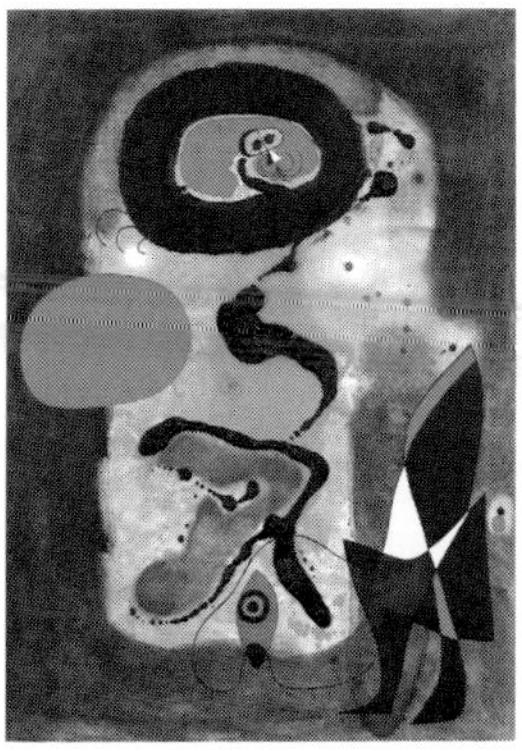

1948年
カンヴァス、油彩
91×71cm
ワシントン、フィリップス・コレクション

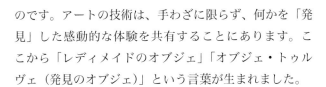

## 作品について

学習指導モデル⑩〜⑫でとりあげる作品についての簡単な解説です。設定する観点やレベルに合わせてさらに情報を収集し、実践に臨みます。

「鑑賞学習ルーブリック」を活用した学習指導モデル ⑩

# 《薬《やく》師《し》寺《じ》・薬《やく》師《し》三《さん》尊《ぞん》像《ぞう》》

薬師寺金堂に安置されている金銅で造られた本尊と脇《きょう》侍《じ》を合わせた仏像三体を《薬師三尊像》と呼んでいます。中心の本尊は「薬師如来座像」で、写実的ながらも若々しい威厳に満ちた表情を見せています。左脇侍が「日光菩薩立像」、右脇侍が「月光《がっこう》菩薩立像」で、それぞれが首、腰、足を交互に傾けるポーズ（三曲法）をとり、柔らかい姿で本尊に寄り添っています。いずれも、黒光りした滑らかな金属の地肌をみせていますが、造像当時は全体に鍍金《ときん》が施されていました。像立が７世紀末〜８世紀初頭の白鳳時代とされていますが、正確な年代は確定されていません。本尊の台座の側面には、青龍・白虎・朱雀・玄武の四神が浮き彫りされています。

７世紀末〜８世紀初頭
銅造・鍍金
《月光菩薩立像》（左）315.3cm
《薬師如来座像》（中央）254.7cm
《日光菩薩立像》（右）317.3cm
奈良、薬師寺金堂

「鑑賞学習ルーブリック」を活用した学習指導モデル ⑪

# マルセル・デュシャン

〔フランス／ 1887 年〜 1968 年〕

# 《泉《いずみ》》（レプリカ）

1917 年、ニューヨークのアンデパンダン展に持ち込まれたこの作品は、誰でも無審査で出品できるという規定があるにもかかわらず展示を拒否されました。台座に載せてあるにせよ、ものがものですから、今でも「これがアートなの？」と訝る人は少なくないでしょう。こうして、この事件は「アートとは何か」という問いを投げかけました。デュシャンは、既製品である男性用小便器を、作品として再提示することを「発見」し、実行した

| 上田桑鳩《愛》 題材ルーブリック | | | |
|---|---|---|---|
| レベル4 ★★★★ | レベル3 ★★★ | レベル2 ★★ | レベル1 ★ |
| 作品から伝わる主題をとらえて批評している。 | 作品から伝わる主題について想像し、説明している。 | 作品から伝わる主題について想像している。 | 作品について興味・関心をもった部分を中心に、意味づけをしている。 |
| 作品から伝わる「愛」についてや、作品の主題が「愛」かどうか、などについて根拠を挙げて批評している。 | 題名が「愛」であることや、作品の造形や知識などを根拠にしながら、主題について説明している。 | 作品の中に表れている三つのかたまりや余白などを見て、何が表されているか想像している。 | 作品の中にある三つのかたまりは何に見えるか、何が表されているかなどに関心を向けている。 |

## レベルとの対応

■ 学習者が作品から受ける印象を受け止めて、学習者の興味・関心に沿った意味づけをすることで **(B) 作品の主題：レベル 1** が達成できる。

■ 学習者が作品の細部をじっくりと見たり、題名を意識して作品を見たりし、何が伝わってくるか想像することで **(B) 作品の主題：レベル 2** が達成される。

■ 学習者自身がとらえるこの作品の主題について、造形要素や題名などと関係づけて自分なりの根拠をもって説明することで **(B) 作品の主題：レベル 3** が達成される。発言例「動物愛が伝わってくる。かたつむりの親子が仲良く移動しているから」。

■ 作品についてのエピソード（作者が孫のハイハイする姿に着想を得たことや、公募展での落選作であることなど）を紹介することで、**(D) 社会・環境とのつながり** の観点へ広げることができる。
■ 他者の見方・感じ方とその根拠を理解し、自分の見方との相違を具体的に述べることで **(B) 作品の主題：レベル 4** につなぐ。発言例「作品からは品格が伝わってくる。作品に署名があって、左の方に大きな余白を残して『品』という文字が書いてあるから」。

## 観点 (A)、(E) との関連

■ この題材はモチーフが少ないため、印象をもつこと自体に想像力が発揮され、**(A) 見方・感じ方：レベル 1** が達成できる。

■ 興味・関心をもった部分を語らせる際、そこから何が伝わってくるかを意識することで **(A) 見方・感じ方：レベル 2** が達成できる。

■ 学習者が題名と造形との関係を考えながら他者の意見を聞いたり、作品や作者にまつわる知識を得たりすることで **(A) 見方・感じ方：レベル 3** が達成できる。さらに制作活動を交えるなどすることで、**(A) 見方・感じ方：レベル 4** への展開へつなぐことができる。

# これが「愛」？

| 観点 ＼ レベル | |
|---|---|
| （B）作品の主題 | コモン ルーブリック |
| | 題材 ルーブリック |

観点：(B)

## 作品の主題

鑑賞作品：上田桑鳩《愛》

| 展開 | 方法 |
|---|---|
| ❶ 作品を見て、自分なりの印象をもつ。<br>「この作品を見て感じたことは何ですか?」 | ■ 全員で一斉に大型図版を見る。学習者は作品を見た後、感じたことや考えたことを発表する。指導者は学習者が自由に見ることを楽しめるよう、個々の見方・感じ方を受容する。 |
| ❷ 作品を細部までじっくりと見て何が伝わってくるか想像する。<br>「作品から何が伝わってきますか?」<br>「作品から何が読み取れますか?」 | ■ 学習者はグループごとに配布された図版を見て、大型図版では気づかない点（三つの形の大きさや形状の差異、余白、作者の署名と印、題名「愛」など）を探し出して、発表する。指導者は学習者が発見した要素を板書するなどして、学習者全員が確認できるようにする。 |
| ❸ 作品から伝わる主題を考える。<br>「どうして題名は『愛』なのでしょうか?」 | ■ 学習者は作品から伝わるメッセージ（文字か絵か、造形と題名との関係など）について、自分なりの根拠をもって考えて、発表する。指導者は学習者の見方・感じ方が深まるようにグループ活動での話し合いをさせる際、題名への着眼に留意する。 |
| ❹ 造形要素と題名を手掛かりに、他者の意見との相違を考えて意見を述べる。<br>「作品の題名があるときとないときでは、何が変わりますか?」 | ■ 学習者は作品の主題について、他者の見方とその根拠を理解し、自分の見方との相違を考えて発表する。指導者は、新たに自分の見方を広げることのできる情報（同じ作家の他の作品、作者の学書観など）を提示する。学習者は新たな情報を整理しながら作品を見て、根拠を示して説明する。 |

| ヨハネス・フェルメール《青衣の女》 題材ルーブリック | | | |
|---|---|---|---|
| レベル4 ★★★★ | レベル3 ★★★ | レベル2 ★★ | レベル1 ★ |
| 作品の中の形や色に込められた意味や特徴をとらえて、批評している。 | 作品の中の形や色に込められた意味や特徴について説明している。 | 作品の中の形や色の特徴を指摘している。 | 作品の中の形や色に関心をもっている。 |
| 室内で手紙を読む青い服を着た女性、真珠のネックレス、地図などの形や色に込められた意味や特徴について、根拠を挙げて批評している。 | 室内で手紙を読む青い服を着た女性、真珠のネックレス、地図などの形や色に込められた意味や特徴について説明している。 | 手紙を読む青い服を着た女性、真珠のネックレス、地図などの形や色の特徴について触れている。 | 手紙を読む青い服を着た女性、真珠のネックレス、地図などに関心を向けている。 |

## レベルとの対応

■ 作品に対して思いのままに印象をもったり描かれたモチーフをたくさん発見したりすることに重点をおき、学習者の興味・関心を広げることで **(C)－1形、色：レベル1** が達成できる。

■ 作品の細部をじっくりと見て多様なモチーフを発見したり形や色の特徴に気づいたりすることで **(C)－1形、色：レベル2** が達成できる。

■ モチーフについて、形や色の特徴を基に想像し、説明することで **(C)－1形、色：レベル2** が達成できる。発言例「壁掛け：東アジアの地図、理由は日本列島や朝鮮半島が見えるから」「粒々：ネックレス、理由は粒々が一列に光っているから、女性への贈り物かも」。

■ 画中の人物の立場や気持ちについて、形や色の特徴を基に自分なりの根拠をもって考え・説明することで **(C)－1形、色：レベル3** が達成できる。発言例「女性は悲しい気持ちです。うつむいていて、色も暗い感じがするから。手紙の送り主は友達で、遠くに引っ越すことが決まってお別れの手紙です」。

■ 他者の見方・感じ方に対する自分なりの意見（共通点や相違点など）を、根拠を挙げながら具体的に述べることで **(C)－1形、色：レベル4** につなげる。

## 観点(A)、(E)との関連

■ 描かれたモチーフをたくさん発見していく過程で **(A) 見方・感じ方：レベル1** が達成できる。

■ 興味・関心をもった部分を語らせる際、作品の造形要素（形や色）に着目することで **(A) 見方・感じ方：レベル2** が達成できる。

■ 指導者からの作品にまつわる知識の適切な提供や、学習者集団の学び合いによって、学習者が自他の多様な見方・感じ方に気づき、自らの見方・感じ方を更新することができれば、**(A) 見方・感じ方：レベル3** が達成できる。

■ 形や色を工夫して表現することで人物の内面が浮き上がってくることに関心をもち、自身の考え方に変化がもたらされた場合、**(E) 生き方：レベル2** 以上が達成できる。

# 女の人とたくさんのもの・色

観点：(C)－1

## 形、色

鑑賞作品：ヨハネス・フェルメール《青衣の女》

| 観点＼レベル | | |
|---|---|---|
| (C)<br>造形要素とその効果 | (C)－1<br>形、色 | コモンルーブリック |
| | | 題材ルーブリック |

### 展開 / 方法

❶ 作品を見て、自分なりの印象をもつ。

「この作品を見て感じたことは何ですか?」

■ 学習者全員で一斉に大型図版を見る。作品を見た後、個々の感じたこと・考えたことを発表する。指導者は学習者が思いのままに見ることを楽しむことができるよう、個々の見方・感じ方を受容する。

❷ 作品をじっくりと見て、描かれたものを探し出す。

「どんなものが描き込まれていますか?」

■ 個別配布の図版を見て、大型図版では気づかない多様なモチーフ（手紙を読む女性、木の箱、真珠のネックレス、椅子、壁の地図など）を探し出して、発表する。指導者は学習者が発見した多様なモチーフを受容したり、板書して記録・分類したりする。

❸ 形や色の特徴を基に、描かれたものを自分なりに根拠をもって考える。

「壁掛けや粒々は何だと思いますか?」

■ 作品のモチーフ（地図、真珠のネックレス）について、自分なりに考えて、発表する。指導者は学習者の見方・感じ方が深まるようにグループで話し合いをさせたり、個々の見方・感じ方に対する根拠を問うたりする。モチーフに関する情報（地図：17 世紀のオランダの地図、真珠：欧州では採れない貴重品、など）を伝え、学習者の興味・関心を広げる。

❹ 形や色の特徴を基に、描かれた人物の立場や気持ちを自分なりの根拠をもって考える。

「この人物は誰?　どのような気持ち?
手紙の送り主と内容を想像しながら考えましょう」

■ 画中の人物（手紙を読む女性）の立場や気持ちについて、自分なりの根拠をもって考えて、発表する。指導者は、学習者が人物の立場や気持ちを具体的に考えることができる問いの条件（手紙の送り主・内容など）やワークシートを設定したりする。学習者が発表をする際、皆で共有できるように大型図版の前でおこなう。指導者は個々の気づきを受容したり根拠を問うたり、多様な見方・感じ方を板書して記録・分類したりして、新たな見方・感じ方の気づきを促す。

| 俵屋宗達《風神雷神図屏風》　題材ルーブリック | | | |
|---|---|---|---|
| レベル4　★★★★ | レベル3　★★★ | レベル2　★★ | レベル1　★ |
| 作品の構成や配置に込められた意味や特徴をとらえて、批評している。 | 作品の構成や配置に込められた意味や特徴について説明している。 | 作品の構成や配置の特徴を指摘している。 | 作品の構成や配置に関心をもっている。 |
| 風神、雷神が画面の端で切れている構図や、風神、雷神、雲だけによる構成、屏風による空間表現の特徴、背景の効果などについて、作者の意図を理解し、根拠を挙げて批評している。 | 風神、雷神が画面の端で切れている構図や、風神、雷神、雲だけによる構成、屏風による空間表現の特徴、背景の効果などについて、作者の意図を説明している。 | 二体の描かれている位置、二体の間の距離感などの特徴を指摘している。 | 二体の描かれている位置に関心を向けている。 |

## レベルとの対応

■ 描かれている要素をすべて挙げながら、二体の描かれている位置に自然と目を向けることで、**(C) − 2 配置・構成：レベル 1** を達成する。

■ 活動を通して、二体の距離感や上部が画面からはみ出て切れているところ、描かれていない空間の広さを自身で発見し、確認することで、**(C) − 2 配置・構成：レベル 2** が達成できる。

■ ここまで見てきた、作品が有する独特な構成、配置について、そこから生まれる効果や意味、作者の意図を探り、他者に伝えるとき、**(C) − 2 配置・構成：レベル 3** が達成できる。また、学習者なりに感じとった、この作品の構成、配置上の魅力、及び作者の意図について、根拠をもって他者に伝えたり、批評を加えたりすることによって、**(C) − 2 配置・構成：レベル 4** に至ることができる。

## 観点 (A)、(E) との関連

■ 画面の構成要素やその配置（構図）に関心をもち、自分なりの印象をもつことができれば **(A) 見方・感じ方：レベル 1** が達成できる。

■ 上記の際に、「(B) 作品の主題」や他の造形要素（(C) − 1、(C) − 3）を絡ませることによって **(A) 見方・感じ方：レベル 2** が達成できる。

■ 作品の構成・配置を探る活動や得た知識によって自分なりの見方・感じ方につなげることができれば、また、他者のとらえ方に触れることで学習者自身の見方・感じ方が積極的に深まった場合、**(A) 見方・感じ方：レベル 3** 以上が達成できる。

■ 画面要素を絞り込むことやその配置の仕方によって表現効果が高まることを実感し、美術作品を見る目や自然のとらえ方、見えない世界への関わりに変化が生じた場合、**(E) 生き方：レベル 3** 以上が達成される。

「鑑賞学習ルーブリック」を活用した学習指導モデル ⑨

# 「風神・雷神」は絵の中のどこにいる？

観点：(C) − 2

## 構成・配置

鑑賞作品：俵屋宗達《風神雷神図屏風》

| 観点＼レベル | | |
|---|---|---|
| (C)<br>造形要素とその効果 | (C)−2<br>構成・配置 | コモンルーブリック |
| | | 題材ルーブリック |

### 展開

❶ 画面には何が描かれているか、その構成要素を挙げる。

「何が描かれていますか？」

「風神・雷神の他には何が描かれているかな？」

### 方法

■ 風神・雷神が纏っているものや持ち物も含めて、画面を構成する要素をすべて挙げる。それらを全員が確認できるようにする。発言をくり返したり、板書したり、ワークシートに書き込んだり、クイズのようにしたり、グループで競わせたりするのもよい。発言例 コウモリのような顔の怪物、神様、つの、足輪、着物、ばち、太鼓、袋、雲、煙、風、など。

❷ 二体がそれぞれ画面のどこに描かれているかを探る。

「風神と雷神は、画面のどこにいるかな？」

■ 二体がそれぞれ画面の上部に描かれていること、上部が切れていること、二体の間に大きな空間があることを発見できるようにする。活動例 何も描かれていない部分に線を入れる、画面の何割が描かれていないか計算する、画面の外側を描き足す、など。

❸ 二体と雲だけの画面、二体のポーズや位置による効果を考える。

「二体が端の方に描かれているのはなぜでしょうか？」

「何も描いていないところがあるのはなぜ？」

「屏風として立てるとどんなふうに見えるかな？」

■ 画面を構成する要素を絞り込み、独特なポーズやその配置によって、動きやリズム、ドラマが生み出されることに気づかせる。活動例 画面のいろいろな場所に風神・雷神を配置してみる。その効果や伝わってくる感じの違いを確かめてみる。二体のポーズをとってみてその関係や距離感を探ってみたりする、など。空白が効果的な他作品と比較してみるのもよい。

■ 屏風として立てた際に、二体がより向き合う効果が出ることを体感させる。活動例 ミニチュアや厚紙に貼った図版を使い、様々な角度から観察してみる、など。

| 《薬師寺・薬師三尊像》 題材ルーブリック | | | |
|---|---|---|---|
| レベル4 ★★★★ | レベル3 ★★★ | レベル2 ★★ | レベル1 ★ |
| 作品の材料や技法・様式の意味や特徴をとらえて、批評している。 | 作品の材料や技法・様式の意味や特徴について説明している。 | 作品の材料や技法・様式の特徴を指摘している。 | 作品の材料や技法・様式に関心をもっている。 |
| 仏像の鋳造技術や白鳳文化の仏像彫刻の様式の特徴について理解して、自分なりの見方、考え方で批評している。 | 仏像の鋳造技術や白鳳文化の仏像彫刻の様式の特徴について説明している。 | 仏像の材料や白鳳文化の仏像彫刻の様式の特徴について触れている。 | 仏像の材料や技法・様式に関心を向けている。 |

## レベルとの対応

■ 自分なりの見方・感じ方を大切にしながらも、この仏像が何を使って、どのように造られているかに疑問をもつなどした場合、**(C) − 3 材料、技法・様式：レベル 1** が達成できる。

■ この仏像の金属の質感や材料や、鋳造などの技法を理解してその特徴に気づき、それらを発表したり、ワークシートに記入したりすることで、**(C) − 3 材料、技法・様式：レベル 2** が達成できる。

■ 金属で造る鋳造仏のつくり方について説明することができたり、仏像の材料や造形が、時代によって変わることを自分なりに解釈し、考えを発表することで、**(C) − 3 材料、技法・様式：レベル 3** が達成でき、さらにそれらに対して自分なりに価値判断したり、他者と交流・議論ができれば、**(C) − 3 材料、技法・様式：レベル 4** が達成できる。

## 観点 (A)、(E) との関連

■ 仏像の表情やポーズなどから感じたことを発表することで、**(A) 見方・感じ方：レベル 1** が達成できる。

■ 薬師三尊像が金属でできていることに気づいた上でその材質感について自分なりの印象をもつ場合、**(A) 見方・感じ方：レベル 2** が達成できる。

■ 仏像づくりの技法やその様式の変化が、仏の表情や姿、形の変化につながったことに気づくことで **(A) 見方・感じ方：レベル 3** が達成できる。

■ 様式の変化が各時代の美意識の反映であることに気づくことで、自身の考え方や世界観に刺激を受けた場合、**(E) 生き方：レベル 3** が達成できる。

「鑑賞学習ルーブリック」を活用した学習指導モデル ⑩

# 薬師三尊を他と比べてみると

観点：(C) − 3

## 材料、技法・様式

鑑賞作品：《薬師寺・薬師三尊像》

| 観点 | | レベル |
|---|---|---|
| (C)<br>造形要素とその効果 | (C)−3<br>材料、技法・様式 | コモンルーブリック |
| | | 題材ルーブリック |

| 展開 | 方法 |
|---|---|
| ❶ 作品を見て、自分なりの印象をもつ。<br>「この仏像を見て感じたことは、どんなことですか?」 | ■ 全員で図版をじっくりと見て、学習者が自分なりの見方・感じ方ができるようにする。指導者は学習者の発言を積極的に引き出し、受容的な態度で受け止める。学習活動は、対話による鑑賞活動を中心とする。 |
| ❷ 仏像の材料や特徴について考える。<br>「この仏像は、どんな材料でできていると思いますか?」<br>「どんなつくり方をしたのでしょうか?」<br>「二つの仏像の顔や体の特徴を比べてみて、気づいたことはどんなことですか?」 | ■ 薬師三尊像が、金属（金銅）でできていることに気づくようにし、その印象について発問する。金属であることがわかった根拠をつきつめていくと、鍍金された仏像であることまで展開できる。活動例 質感をオノマトペで表現する、木彫像の写真と比べる、鋳造について東大寺大仏の例を示す、など。<br>■ 飛鳥時代の《法隆寺・釈迦三尊像》と《薬師寺・薬師三尊像》の顔の表情やプロポーションを比較することで、白鳳彫刻の造形的な特徴に気づくようにする。活動例 指導者の解説、飛鳥仏の「杏仁形」と白鳳仏の眼の造形やプロポーションを比較する、など。／グループ活動、ディスカッション、ワールドカフェ、ワークシート、など。 |
| ❸ 鋳造や白鳳彫刻の様式の特徴について分析する。<br>「この時代の仏像はどんなつくり方をしているしょうか?」<br>「他の時代の仏像のつくり方とどう違うでしょうか?」 | ■ 金属で造る鋳造仏のつくり方、および仏像の様式の変化について説明し、理解を深められるようにする。活動例 ビデオの視聴、図解を用いる、様式年表を作成する、社会科（歴史）との連携、など。 |

| マルセル・デュシャン《泉》　題材ルーブリック | | | |
|---|---|---|---|
| レベル4 ★★★★ | レベル3 ★★★ | レベル2 ★★ | レベル1 ★ |
| 作品が美術の歴史にもたらした意義や文化的価値を理解し、批評している。 | 作品が美術の歴史にもたらした意義や文化的価値について説明している。 | 作品が美術の歴史にもたらした意義や文化的価値について想像している。 | 作品が美術の歴史にもたらした意義や文化的価値に関心をもっている。 |
| 「レディメイド」によって芸術に対する既成概念や常識を打ち壊そうとした作者の挑戦の意図や「ダダイズム」の思想などを理解し、批評している。 | 「レディメイド」によって芸術に対する既成概念や常識を打ち壊そうとした作者の挑戦の意図をふまえて、その意義や文化的価値について説明している。 | 既製品を作品として提示しただけの「もの」が、なぜ芸術として扱われているのか、その理由について想像している。 | 既製品を作品として提示しただけの「もの」が、芸術として扱われていることに関心をもっている。 |

## レベルとの対応

■ 便器を横に倒しただけの「もの」が、芸術について考えるきっかけを与えてくれることに興味をもつことで、**(D) − 1 歴史的位置づけ、文化的価値：レベル1** が達成できる。

■ 便器であり、既製品であるにもかかわらず、本作品がまぎれもなく芸術作品として扱われている事実について、その理由を探るとき、**(D) − 1 歴史的位置づけ、文化的価値：レベル2** が達成できる。

■ 多くの人々の既成概念や常識をゆさぶった作者の芸術的行動を、学習者が自分なりに解釈し、歴史上のインパクトとして説明するなどによって **(D) − 1 歴史的位置づけ、文化的価値：レベル3** が達成できる。
■ 「レディメイド」の意図や後に及ぼした影響、「ダダイズム」の思想などを総合的に理解した上で、芸術に対する自分なりの意見を表明するとき、**(D) − 1 歴史的位置づけ、文化的価値：レベル4** に至る。

## 観点 (A)、(E) との関連

■ 学習者が思いのままに見ることを楽しむことができた場合、**(A) 見方・感じ方：レベル1** が達成できる。
■ 自分で作ったのではなく既製品を置いただけ、という事実を知り、作者の意図について自分なりの印象をもつことで **(A) 見方・感じ方：レベル2** が達成できる。

■ 指導者からの作品にまつわる知識の適切な提供や、学習者集団の学び合いによって、学習者が自他の多様な見方・感じに気づき、自らの見方・感じ方を更新することができれば、**(A) 見方・感じ方：レベル3** が、さらにそれを分析的に発表、交流することで **(A) 見方・感じ方：レベル4** が達成できる。

■ 作者の挑戦が、世界の人々の芸術に対する考えを深めたことに関心をもつことで **(E) 生き方：レベル2** が達成でき、自身の考え方や芸術への関わり方に影響を受けることを実感したり、自らの生き方に参照するなどした場合、**(E) 生き方：レベル3** 以上が達成できる。

「鑑賞学習ルーブリック」を活用した学習指導モデル ⑪

# 便器がアート？

観点：(D)－1

## 歴史的位置づけ、文化的価値

鑑賞作品：マルセル・デュシャン《泉》

| 観点 | | レベル |
|---|---|---|
| (D)<br>作品にまつわる知識 | (D)－1<br>歴史的位置づけ、文化的価値 | コモン<br>ルーブリッ |
| | | 題材<br>ルーブリッ |

| 展開 | 方法 |
|---|---|
| ❶ 作品を見て、それがアート（芸術）なのか、考える。<br>「これはアートと呼べるの？」<br>「芸術性が高いと思う順番に並べてみよう」 | ■「アート（芸術）とは何か」について考えるためのきっかけを与える。活動例「これはアートだ」vs.「アートではない」に分かれて議論する、クリッカーで賛否を可視化する、《考える人》《空間の鳥》《泉》の3作を比較してアートだと思う順に並べて支持する作品ごとに意見を戦わせる、応援演説をおこなう、など。／対話的に進める、ワークシート、ディスカッションやディベート、など。 |
| ❷ アート（芸術）とは何か、考える。<br>「これは一体、何なのでしょう？」<br>「美術ってきれいでなければならないの？」<br>「これは『つくった』と言えるの？」 | ■《泉》が便器であること、サインはしてあるものの既製品を横倒しにしただけであるにもかかわらず、美術の歴史を変えたことなどの情報を提供した上で、再度「アート（芸術）とは何か」について考えるようにする。活動例 タイトルの意味を考える、展示を拒否された理由を推測する、なぜサインがされているのか意味を考える、芸術について考えが変わった学習者と変わらなかった学習者の意見を取り上げる、グループごとに結論を出して発表する、など。 |
| ❸ 作者が問いかけたものは何だったのかを探る。<br>「作者は何に挑戦したのだろう？」<br>「挑戦を受けた人たちの驚きや怒りを想像してみよう」 | ■ 本作の歴史的位置づけや文化的価値を考えるようにする。活動例 観点別に議論をする（アート（芸術）にはオリジナリティが必要か、アート（芸術）にはテクニックが必要か、発見・見方はアート（芸術）になりえるか）、現代の視点で当時の新聞をつくる、作者の挑戦とは何だったのか議論するなど。／ディベート、ワールドカフェ、ワークシート、など。 |

| ジョアン・ミロ《アルルカンの謝肉祭》、《赤い太陽》　題材ルーブリック | | | |
|---|---|---|---|
| レベル4　★★★★ | レベル3　★★★ | レベル2　★★ | レベル1　★ |
| 作者の考え方や作品が社会や環境に与えた影響について理解し、批評している。 | 作者の考え方や作品が社会や環境に与えた影響について説明している。 | 作者の考え方や作品が社会や環境に与えた影響について想像している。 | 作者の考え方や作品が社会や環境に与えた影響に関心をもっている。 |
| シュルレアリスムの影響を受けた作者独自の表現が現代の社会や人々の生活にどのような影響や変化を与えたかについて理解し、批評している。 | シュルレアリスムの影響を受けた作者独自の表現が現代の社会や人々の生活にどのような影響や変化を与えたかについて想像し、説明している。 | 幾何学的な形や明快な色づかいによる作者独自の表現が社会や人々にどのような影響や変化を与えたかについて想像している。 | 幾何学的な形や明快な色づかいによる作者独自の表現が社会や人々に与えた影響について関心を向けている。 |

## レベルとの対応

■　この段階では観点（D）－２には焦点化せず、作品に対して思いのままに印象をもったり描かれたモチーフをたくさん発見したりすることに重点をおく。発言例《アルルカンの謝肉祭》：丸、波、渦巻き、三日月、動物、《赤い太陽》：丸、人の体、目玉、絵の具のシミ。

■　ミロの作品と自分たちの授業作品を比較して、つながりを探し出すことで **（D）－２社会・環境とのつながり：レベル１～２** が達成できる。発言例「《アルルカンの謝肉祭》は、モダンテクニックではないが、不思議な楽しい雰囲気がある」「《赤い太陽》も不思議な感じがする。絵の具をたらす、にじませる技を使っている」。

■　ミロが美術教育に与えた影響について、ミロ独自の表現を基に自分なりの根拠をもって考え・説明することで **（D）－２社会・環境とのつながり：レベル３** が達成できる。発言例「絵は筆で描くとは限らない」「計画的ではなく、偶然にできる色や形で描く楽しさも大切」「見えるものだけを描くのが絵ではない、夢・不思議・自分の心を描くことも絵だ」「それにはモダンテクニックの方が向いているかもしれないな」。

■　ミロの考え方や作品が社会に与えた影響について、自分なりの意見（共通点や相違点など）を具体的に表明することで **（D）－２社会・環境とのつながり：レベル４** につなげる。

## 観点（A）、（E）との関連

■　学習者が、作品を見て思いのままに感じたり考えたりすることで **（A）見方・感じ方：レベル１** が達成できる。

■　興味・関心をもった部分を語らせる際、作品の造形要素（形や色）に着目することで **（A）見方・感じ方：レベル２** が達成できる。

■　指導者からの作品にまつわる知識の適切な提供や、学習者集団の学び合いによって、学習者が自他の多様な見方・感じに気づき、自らの見方・感じ方を更新することができれば、**（A）見方・感じ方：レベル３** が達成できる。

■　ミロの考え方や作品が、社会や世界の人々の考え方に影響を与えたことに関心をもつことで **（E）生き方：レベル２** が達成され、自身の考え方や世界への関わり方に変化がもたらされることを実感した場合、**（E）生き方：レベル３** 以上が達成できる。

「鑑賞学習ルーブリック」を活用した学習指導モデル ⑫

# ミロさん、教えて！ 絵を描く楽しさ

観点：(D)－2

## 社会・環境とのつながり

鑑賞作品：ジョアン・ミロ《アルルカンの謝肉祭》、《赤い太陽》

| 観点 ＼ レベル | | |
|---|---|---|
| (D) 作品にまつわる知識 | (D)－2 社会・環境とのつながり | コモン ルーブリック |
| | | 題材 ルーブリック |

## 展開

## 方法

❶ 作品を見て、自分なりの印象をもつ。

「《アルルカンの謝肉祭》と《赤い太陽》を見て感じたことは何ですか?」

■ 全員で一斉に二つの作品（大型図版）を見る。その後、個々の感じたこと・考えたことを発表する。指導者は学習者が思いのままに見ることを楽しむことができるよう、個々の見方・感じ方を受容する。

■ 二つの作品は一人の作者であることを伝え、興味・関心を広げる。

❷ 図工・美術の授業と作者の表現との関係性を探る。

「モダンテクニックの表現とミロの表現とのつながりは何ですか?」

■ 配布の図版と授業でのモダンテクニック（ドリッピング、デカルコマニー、フロッタージュなど）を比べて、つながりを探し発表する。指導者は学習者が発見した多様な見方・感じ方（作品の主題、形・色、技法など）を受容しながら、共通点（楽しさ、不思議さ）や相違点（筆の使用、偶然性）を整理したりする。

❸ 作者の表現が美術教育に与えた影響を考える。

「なぜ、ミロは筆で描いたり、モダンテクニックを用いて描いたりしたのかな? ミロのつもりになって絵を描く楽しさについて考えてみましょう」

■ 学習者は美術教育に与えた影響について、自分なりの根拠をもって考えて、ワークシートに書いたりグループで話し合ったり発表したりする。指導者は個々の気づきを受容したり、根拠を問うたり、見方・感じ方が多様に広がるようにする。

■ モダンテクニックに関する情報（この技法は自動記述ともいい、ミロを含むシュルレアリスム運動の作家たちが生み出した。その特徴は精神の自由の獲得と無意識の表面化である）や、創造行為に関する情報（自然の本質を曇りのない眼でとらえる態度、固定観念や日常的な習慣にとらわれない「遊び」の心）を伝え、学習者の新たな見方・感じ方の気づきを促す。

どうみる？
第一印象は？

# 6

# 鑑賞学習指導における発問

東西の名画・名作による、合わせて12の鑑賞学習指導モデルを見てきましたが、ここではもう一度「鑑賞学習ルーブリック」の観点ごとに中心となる「発問」を取り上げて、それらがどのような意図をもってなされているのかを確認していきたいと思います。

指導者の「発問」が、「鑑賞学習ルー

## ルーブリックの観点に基づく鑑賞題材の発問と意図

第II部の5では、前半の葛飾北斎《富嶽三十六景「神奈川沖浪裏」》と後半の

ブリック」で選択した観点とレベルにアプローチするための学習の流れや質を大きく左右します。ルーブックの観点ごとの発問例を**表1**にまとめましたので、合わせて参照してください。

**「(A) 見方・感じ方」の発問**

ここでの発問は、学習活動の導入にあたって、作品をじっくりと見ること、つまり観察することで、鑑賞者の自分らしい見方・感じ方を促すことを目的とします。また、他者と交流する中で鑑賞者の様々な見方・感じ方を広げたり、深めたりする発問もあります。そのため、個々の作品の作風にまつわる固有の見方・感じ方を誘う発問ではなく、どの作品にもあてはまるような一般的な発問となります。

例えば、鑑賞の導入で「(1) 何が起こっていますか?」と純粋に作品そのものを見て観察することを促す発問、さらに対話を進めながら「(2) どこからそう思いましたか?」と判断の根拠や理由を問う質問、「(3) 他にどのようなことを思いましたか?」と多様な見方を展開・深化する発問などが例として挙げられます。

なお本書で例として示した12の指導モデルでは、導入段階でじっくりと鑑賞作品を見たあと「何が描かれていますか?」、「見て感じたことは、どんなことですか?」といった発問で、鑑賞者の自由な見方を受け止めていく方法で学習をはじめています。

これらの発問には学習者の見方・感じ方を受容し、徹底して主体的な鑑賞を保障する指導者の姿勢が表れています。

**「(B) 作品の主題」の発問**

学習者から「作品から伝わる主題」を導きだす発問となります。つまり「作者が込めた思い」を問いかけるのではなく、鑑賞者自身の導き出した主題を誘発するための発問です。そのため、「鑑賞学習ルーブリック」では「作品から伝わる主題」という、学習者の見方・感じ方が生かされる文言を使っているのです。

葛飾北斎《神奈川沖浪裏》の指導モデル①では、「絵からどんな物語が聞こえてきますか?」と問うことで、作品の造形要素から「自然の姿」をとらえ、主題に導いていています。また、上田桑鳩《愛》の指導モデル⑦では、「どうして題名は『愛』なのでしょうか?」と作品のタイトルと造形要素を結びつけて、イメージを喚起する問いかけをしています。

| | | |
|---|---|---|
| (A) 見方・感じ方 | | どんなことがおこっていますか。<br>何がおきていますか。<br>何が描かれていますか。<br>自分なりの見方をしてみよう。<br>疑問に思ったことはありますか。<br>みんなに教えたいことがありますか。 |
| (B) 作品の主題 | | どんな物語が聞こえてきますか。<br>テーマは何でしょうか。<br>見る人に何を訴えているのだろう。<br>どうしてこの絵を描いたのだろうか。<br>どんなことが伝わってきますか。 |
| (C)<br>造形要素とその効果 | (C)－1<br>形、色 | 形や色で気づいたことはありますか。<br>どんな色づかいですか。<br>特徴的な形や色を挙げてみましょう。 |
| | (C)－2<br>構成・配置 | モノの配置で気づいたことはありますか。<br>大きく描いているところや小さく描いているところはどこですか。<br>画面全体の中で、描かれたモノとの関係で気づいたことはありますか。<br>遠近感について見てみよう。 |
| | (C)－3<br>材料、技法・様式 | どんな材料で描いたのでしょうか。<br>どんなつくり方をしたのでしょうか。<br>どんな技法が用いられているでしょうか。<br>道具は何を使ったと思いますか。<br>似た作品が他にもあるのだろうか。 |
| (D)<br>作品にまつわる知識 | (D)－1<br>歴史的位置づけ、文化的価値 | どうして、今も名作として大事にされているのだろうか。<br>この作品に影響を受けた人はいるだろうか。<br>この作品から現代の作品に受け継がれていることがあると思いますか。<br>どんな人が描いたのだろう。<br>作者はどんな人生だったのだろう。<br>作者に聞いてみたいことはありますか。 |
| | (D)－2<br>社会・環境とのつながり | この作品は、社会にどんな影響を与えたと思いますか。<br>作者は周りの人々からどう思われていたのでしょうか。<br>作者は小さいときにどんな子供だったのだろう。<br>作者はどんな環境で育ったのだろう。<br>作者は誰に影響を受けたのだろう。 |
| (E) 生き方 | | 作品から私たちは何を学んだらいいのだろう。<br>作品は自分の考え方や生き方に何を教えてくれるのだろうか。 |

表１　「鑑賞学習ルーブリック」の観点ごとの発問例

## 「(C) 造形要素とその効果」の発問

(C)―1　形、色

いわば、美術を美術たらしめる視覚情報を造形的要素から読み取り、焦点化する発問です。また、学習指導要領の小学校図画工作科や中学校美術科の「共通事項」にみられる「形や色彩」「光」「造形的な特徴」について問いかける発問でもあります。

葛飾北斎《神奈川沖浪裏》の指導モデル②では、「どんな形をしているかな?」「何色《なんしょく》使われているかな?」「色はどんなふうに変化しているかな?」と形や色彩に着目するように問いかけています。また、フェルメール《青衣の女》の指導モデル⑧では、「どんなものが描き込まれていますか?」や「壁掛けや粒々は何だと思いますか?」とモチーフの形からイメージを喚起する問いかけをしています。

(C)―2　構成・配置

作者が画面構成の上でどのような工夫をしているかを鑑賞者に気づかせるような発問です。

葛飾北斎《神奈川沖浪裏》の指導モデル③では、「波（富士山、空）は、どこに、どのように描かれていますか?」「富士山と波の形、あるいはその関係で気づいたことはありますか?」といったモチーフの配置、つまり構図に着目させる発問をしています。また、俵屋宗達《風神雷神図屏風》の指導モデル⑨では、「風神と雷神は、画面のどこにいるかな?」や「二体が端の方に描かれているのはなぜでしょうか?」「何も描いていないところがあるのはなぜ?」と問いかけてモチーフの配置や余白からイメージを喚起させ、さらに「屏風として立てるとどんなふうに見えるかな?」と屏風の見え方の特徴に関する問いかけをすることで、用途を考えた描き方の工夫に気づかせています。

(C)―3　材料、技法・様式

学校における鑑賞学習の場合、ほとんどが複製図版や映写による投影で作品を見るために、実物作品の持つ質感や微妙な技法、様式の相違などは、わかりにくいことが多いものです。しかし、作品の質を落とさない明瞭な図版の提示や部分拡大、適切な発問によって複製図版の欠点をカバーすることも可能です。

葛飾北斎《神奈川沖浪裏》の指導モデル④では、「実物大の絵を見て、気づいたことはありませんか?」と、版画の摺り具合によって背景の空が微妙に異なる図版を比較鑑賞させたり、「同じ絵が何枚もつくれるのはなぜ?」と、何枚も摺ることができる版画の技法に気づかせたりする問いかけをしています。また、《薬師寺・薬師三尊像》の指導モデル⑩では、「この仏像は、どんな材料でできていると思いますか？」と材料に関心を向ける発問や、「二つの仏像の顔や体の特徴を比べてみて、気づいたことはどんなことですか？」と、仏の顔や姿から時代様式の特徴と相違に気づかせる発問があります。また、「他の時代の仏像のつくり方とどう違うでしょうか？」と材料や技法、様式をまとめる問いかけをしています。

### 「(D) 作品にまつわる知識」の発問

(D)―1　歴史的位置づけ、文化的価値

美術史での評価や時代様式、作者の人生などは、作品そのものから読み取るのは難しいことがあります。しかし、思考を深める発問や作品に関係する知識提供によって、作品や作家への見方が深化・発展することが期待されます。

葛飾北斎《神奈川沖浪裏》の指導モデル⑤では、「この絵は、どんな人が描いたのでしょうか？」と作者に関心を向ける発問をし、さらに「この絵はどんな人たちに買われたのでしょうか？」と作品の購買層や時代背景を考えるための発問をしています。また、マルセル・デュシャン《泉》の指導モデル⑪では、「これは一体、何なのでしょう？」「美術ってきれいでなければならないの？」とアート（芸術）の本質を問いかけ、「作者は何に挑戦したのだろう？」「挑戦を受けた人たちの驚きや怒りを想像してみよう」と当時の時代背景から作品の歴史的価値に迫る問いかけをしています。

(D)―2　社会・環境とのつながり

作品には、制作された時代の国家、さらに政治や経済、生活文化など様々な要素が複雑に反影されているものです。また、現在の社会や環境、美術文化に与えた影響なども鑑賞の視点として考えられます。ただ、これらも、「歴史的な位置づけや文化的価値」と同様に作品の視覚情報からの読み取りだけではなく、指導者の適切な発問や知識の提供によって鑑賞の探求や補充を図る必要があります。

葛飾北斎《神奈川沖浪裏》の指導モデル⑥では、「この絵のすごさは、どんなところでしょうか？」「絵の中を、動くものと静止しているものに分けてみよう」と作者独自の表現に目を向ける発問をし、さらに「この波の表現は当時の人々の眼にどのように映ったでしょうか？」と作者独自の自然のとらえ方に注目する発問をしています。また、ジョアン・ミロ《アルルカンの謝肉祭》と《赤い太陽》の指導モデル⑫では、「モダンテクニックの表現とミロの表現とのつながりは何ですか？」と既習した内容と作品を比較して、つながりを見いだす問いかけをしています。さらに「なぜ、ミロは筆で描いたり、モダンテクニックを用いて描いたりしたのかな？　ミロのつもりになって絵を描く楽しさについて考えてみましょう」と自らの経験を想起させたり、作者の立場に立ったりして思考する働きかけをしています。

### 「（E）生き方」の発問

「（E）生き方」では、「作品が、自分の考え方や世界の関わり方に影響を与えたことを実感すること」を意図とし、鑑賞学習全体を通して養っていく観点です。

むしろ、作品鑑賞そのものと言うよりも、他者との交流や鑑賞学習の活動を通して、美術作品全体に対する興味関心が高まり、自己変容や自己発見の楽しみや喜びにつながる内容です。したがって、ルーブリックの観点「（B）作品の主題」「（C）造形要素とその効果」「（D）作品にまつわる知識」の学習を通して、「（A）見方・感じ方」を深めつつ、一般的な発問として「作品から私たちは何を学んだらよいのでしょうか」「作品は自分の考え方や生き方に何を教えてくれるのだろうか」というような問いかけで、内省をうながす鑑賞もできるでしょう。

## 「鑑賞学習ルーブリック」を授業マネジメントで活用する

授業マネジメントは「①計画と題材開発」「②授業実践」「③評価と改善」の三つに大まかに分かれます。ここで最も時間を費やすのは、実践前の「①計画と題材開発」でしょう。それは、料理に例えるとメニューを決めて、「レシピ」を作成している段階にあたります。学習者の実態把握に始まり、題材の目標（ねらい）や課題設定、発問、評価、教材・教具などを総合的に思案して、学習内容や学習者の活動を順序立てる重要な段階です。

鑑賞学習を実践するにあたっての、授業マネジメントの流れ、各場面での留意点、そして「鑑賞学習ルーブリック」の活用について**表2**に示しました。

ここでは、指導者が鑑賞学習の計画、実践、評価において、特にルーブリックの活用が有効な三つの段階にしぼって説明したいと思います。

一つ目は「2 目標（ねらい）を定める」

| 段階 | | 内容 | 活用場面 | 留意点 | 評価 |
|---|---|---|---|---|---|
| ①計画と題材開発 | 1 | クラスの実態把握 | △ | 学習者の既習内容や発達段階から診断します。 | 事前（学習指導案作成） |
| | 2 | 目標（ねらい）を定める | ◎ | 学年や実態に合わせて、鑑賞の目標（ねらい）を定め、「コモンルーブリック」から指標とする観点とレベルを設定します。観点を多くすると焦点化できません。また、レベルは低すぎず、高すぎないことが肝要です。 | |
| | 3 | 鑑賞作品選定 | | 基本的に名画や教科書に掲載された作品、教師の興味関心の高い作品などから選定します。 | |
| | 4 | 題材ルーブリック作成 | ◎ | 2で設定した目標（ねらい）に合わせて、選定した作品の「題材ルーブリック」を作成します。観点とレベルは、指導者及び学習者の評価の指標にもなります。 | |
| | 5 | 時数確定 | △ | 題材の学習時数を設定します。鑑賞学習の場合、一般的に1時間から2時間が適当です。ただし、模写や制作を伴う鑑賞学習の場合は、その限りではありません。 | |
| | 6 | 鑑賞学習の方法（授業展開） | ◎ | 基本的に学習者の見方・感じ方を起点にした対話による鑑賞から始まり、比較鑑賞や様々な方法によって、ルーブリックで設定した観点とレベルにアプローチします。そのためルーブリックの観点に適した中心的な発問を考案します。また、学習形態についても、一斉指導なのかペアなのか、グループ学習なのかを考えます。 | |
| | 7 | 鑑賞資料（鑑賞対象） | | 学習者に提示する図版を準備します。大判図版やプロジェクター提示、タブレットなど、目標（ねらい）や学校の設備などの実態に応じて工夫しましょう。 | |
| | 8 | ワークシート作成 | ○ | ルーブリックの観点とレベルと整合性のあるワークシートを作成します。また、授業後の見方・感じ方の変容をたずねる項目を入れても良いでしょう。 | |
| ②授業実践 | 9 | 授業実践 | ○ | 実際の授業場面では、発問と応答から、設定した観点とレベルにアプローチすることになりますが、場合によっては設定したレベルより高いレベルの授業展開になることも予想されます。評価や省察のためには、ビデオ記録やワークシート資料があると分析しやすくなります。 | 本時 |
| ③評価と改善 | 10 | 授業後の省察（改善） | ◎ | 授業の記録や学習者のワークシート等から設定した観点のレベルにどの程度到達したかを分析・評価し、導かれた課題から授業改善に役立てます。この際に、当初設定した観点とレベルの高低が適切だったかを振り返ります。 | 事後 |

表2　授業マネジメントと「鑑賞学習ルーブリック」の活用

段階です。

学習者の学年や学級の実態に応じて、鑑賞学習をする上でどの観点とレベルを設定するのかを決める第一歩です。◑1
五つの観点から1、2観点ほど選択し、それぞれレベルを定めます。低すぎる設定では学習者の成長につながらず、高すぎる場合は意欲を引き出しにくいことがあります。なお、レベルの設定に慣れていない場合、事前に設定していたレベルを授業実践で固定的にとらえすぎないことです。学習者は、指導者の想定していたレベルを超える場合もあり、また低いレベルで留まってしまうこともあります。はじめのうちは、子供たちの新たな姿を発見してみようぐらいの気持ちで取り組みましょう。

二つ目は「6 鑑賞学習の方法（授業展開）」の計画段階です。

鑑賞学習の方法、つまり授業展開の方法は、作品をよく見ることから始まり、学習者の見方・感じ方を受け止めながら、「みる」「きく」「はなす」を基本にして対話的に進めていきます。授業展開で学習者の見方・感じ方の中に「鑑賞学習ルーブリック」に関連する反応があれば、そこに焦点化して問いかけを続けていきます。

設定した目標（ねらい）に見合う発言等が聞かれない場合には、発問を工夫する必要があります。前述した観点ごとの発問を意図的に使って、授業の場面転換を図ります。そのために、あらかじめ計画段階で、選定した観点やレベルにふさわしい発問を準備しておきます。発問には中心的な発問と補助発問がありますが、「鑑賞学習ルーブリック」に照らし合わせて、吟味しておきたいものです。

三つ目は「授業後の省察（改善）」の段階です。指導者が学習者の反応（表情、発言、議論内容、ワークシートなどの記述）等から指標として設定した観点とレベルにどの程度到達したかを分析し、次の授業に向けて改善する評価活動のことです。

計画と題材開発の時点で「鑑賞学習ルーブリック」を用いたことにより、指導者自身に目標（ねらい）が明確に把握されており、分析の視点が明瞭になっています。当初設定した観点やレベルの高低が適切だったか、発問や子供たちとの応答が適切だったかを振り返り、次の授業への課題をあきらかにして、改善の手立てを考えます。

つまり、次の鑑賞学習ではどの観点やレベルを設定し、鑑賞作品は何を選ぶの

◑2 かが、「鑑賞学習ルーブリック」を活用することで、計画しやすくなるのです。

ただ、ここで注意すべき点は、設定した観点についてだけ、また、レベルに到達したかだけを見るミクロの視点だけではなく、他の観点やレベルも俯瞰するマクロな視点で全体的な鑑賞の授業設計を広げたり、深めたりして、振り返りたいということです。そのような省察によって、鑑賞学習における指導者の思い込みの排除や偏りのないカリキュラムが実現し、その構造化が図られます。

◑ ◑ ◑

ここまで、指導者が美術鑑賞の授業計画や実践、評価において、特に「鑑賞学習ルーブリック」を生かせることを3点に分けて述べてきました。第Ⅲ部では、実際に「鑑賞学習ルーブリック」を活用することで〝変わった〞授業実践について、その一連のプロセスを紹介したいと思います。

1)　鑑賞学習の題材開発を「作品選定」ではなく「目標設定」からはじめるのは難しいという声もあるが、指導者の明確な目標設定があってこそ、学習者の主体的な鑑賞学習が保障される。

2)　鑑賞作品にどのような作品を選定して良いのかわからない場合には、教科書に掲載されている作品を扱うとよい。学習者の発達段階に適した作品が掲載されている。また、神林恒道・新関伸也編著『西洋美術101鑑賞ガイドブック』『日本美術101鑑賞ガイドブック』（三元社、2008）は、教育現場の指導者に向けて編集したもので、本書と関連する作品が掲載されているので、参照されたい。

を科学的に見られるかもしれないが、反面、既成の概念にとらわれてしまい、自由な発想ができないということもある。一方、子供たちは、絵から受けたそのままの印象を積極的に発言するのだろう。そこには、正解か間違いかなどに、まったく目もくれる様子はないはずだ。絵を見る時は、子供のように真っ白な気持ちですると よいのかもしれない。そして、今回のような自由な発言を大事にする授業は、教師本人も豊かな感性がないと、子供たちの発言や意見を受け止められないし、その多様さについていけないと感じた。だから、教師自身豊かな感性を育むことが大事だとも気づくことができた。———（2年男子学生）

今回体験した形の鑑賞の授業は、自分が小学生の時に経験したことがなかった方法だったので、とても新鮮で実践的だと感じた。このスタイルの鑑賞は、児童が発見したこと、感じたことをそのまま使いながら鑑賞を楽しむことができるので、児童参加型の主体的な授業実践に非常に有効だと感じた。また、単に「正解を示す」のではなく、児童の視点を大切にしながら、教師がより深い鑑賞になるように児童を誘導することで、鑑賞の時間が「きれいだと思った」「すごいと思った」などの小学生にありがちな単調な感想で終わってしまう恐れもない。ぜひ、この方法は実践したいと強く思った。———（2年男子学生）

これらの感想は、作品を見ることの楽しみや態度、そして大人の見方と子供の見方の違い、教師のあるべき姿など、鑑賞学習の本質を浮き彫りにしてくれている。

なお、この授業はコロナウイルスの感染防止対策のため、オンラインでおこなったものである。

広がる美術教育

# 大学生の鑑賞授業体験から

大学の授業「図画工作科教育法」のなかで、葛飾北斎《富嶽三十六景「神奈川沖浪裏」》を題材にした鑑賞学習を試みた。みな教師を目指す学生たちで、かれらが学習者として鑑賞する側、筆者がファシリテーター役である。

作品をじっくり見るところからはじめて、学生から出た答えをつないで発問をくり返す、対話による鑑賞方法である。「鑑賞学習ルーブリック」の観点「(C)－１形、色」に焦点化して発問し、その根拠を問いながら授業を進めた。

授業後の学生の感想から二つ紹介したい。

絵を見て抱いた自由な考え・意見を尊重し、それらに沿うように授業が進められていた。そこでは、絵に対して様々な解釈が生まれていた。葛飾北斎《神奈川沖浪裏》１枚の絵で「こんなにも授業は深められ」、また「広げられるのだ」と気づいた。正直最初は、先生が「この絵はこうなっているんだよ」と説明すれば３分ほどで終わる内容なのに、授業１時間分をとって絵を見て、考えるというのは「非効率的なのではないか」とも思った。しかし、授業を終えてみると、ただ説明を聞いて知識として葛飾北斎の絵を理解するより、自分たちの素直な意見や疑問をつきつめて考えていく方法の方が、深い理解につながり、また記憶にも残り、身近なものになると考えた。さらに、子供の立場になってみても、先生から説明「される」より、絵を見て「自ら」考える方が意欲は増すといえるだろう。また、私たち大学生の絵の鑑賞の仕方は、「知識を基にしている」ことにも気がついた。大学生の方が、絵

# III

# 「鑑賞学習ルーブリック」で変わる

# 7

# 「鑑賞学習ルーブリック」の活用事例

授業実践「何が描かれているのかな？」より

## 「鑑賞学習ルーブリック」をカリキュラム・マネジメントに活用する

教師は鑑賞学習の意義を常に問い続けていく必要があります。授業を単発の学習に終わらせることなく、年間を見据えた指導計画を構想することや、子供たちの実態を考慮した学習目標、鑑賞する作品、発問や学習形態などを設定して授業を実践し、成果や改善点を明らかにする省察をおこない、次の授業に生かすというカリキュラム・マネジメントが求められます。

「鑑賞学習ルーブリック」は、教師が鑑賞学習を自覚的に設定、展開し、授業の質を高めるとともに、鑑賞学習のカリキュラムの構造化を適切におこなうことを目的としたツールであり、カリキュラム・マネジメントに効果を発揮します。

　ここでは、筆者が協働的に関与したA市立B小学校での鑑賞学習[1]を追うかたちで、「鑑賞学習ルーブリック」が題材開発、授業実践、省察に果たした効果を紹介します。題材名「何が描かれているのかな?」という対話による鑑賞学習で、対象は5年生29名、二学期における全1時間の授業です。

## クラスの診断的評価をする

　この学級では一学期に日本画家の土田《つちだ》麦僊《ばくせん》の《罰》の鑑賞学習をおこないました。教師はそれまでのところ「鑑賞学習ルーブリック」を用いていませんでしたが、目標（ねらい）を「作品に描かれた3人の人物の表情から、人物の立場や気持ち、作品の物語・場面について考える」、「自分と他者との見方・感じ方の違いに気づく」と設定していました。ところが授業後の省察において、描かれた3人の人物のうち誰を選ぶかは、それぞれの子供の任意としていたために、目標（ねらい）として設定した「自分と他者との見方・感じ方の違い」に気づきにくかったという改善点が明らかとなりました。さらに「鑑賞学習ルーブリック」を活用して、この鑑賞学習の目標（ねらい）を再整理すると、「作品に描かれた様々なモチーフの形や色や構成をじっくりと見る」、「人物の立場や気持ち、作品の主題を自分なりに考える」、「発表したり話し合ったりすることを通して自分と他者との見方・感じ方の違いに気づく」であると明らかとなりました。つまり、この鑑賞学習には四つの観点「（A）見方・感じ方」、「（B）作品の主題」、「（C）－1形、色」、「（C）－2構成・配置」が関与することや、1回の授業で四つの観点を扱ったため消化不良となったことが明らかとなりました。

　そこで教師は、一学期の鑑賞学習で十分に達成できなかった目標（ねらい）を吟味して、二学期では異なる絵画作品で鑑賞学習をすることにしました。

## 教材研究で題材観を明確にする

　今回の鑑賞学習において、教師は二つの観点「（A）見方・感じ方」と「（C）－1形、色」に着目して、17世紀中頃のオランダの画家ヨハネス・フェルメールの《青衣《せいい》の女《おんな》》を鑑賞することにしました（第Ⅱ部5―⑧を参照）。《青衣の女》を設定した理由は、一人の人物が描かれたシンプルな構図であり、子供たちが作品に描かれた人物の立場や気持ちについてのお互いの見方・感じ方の違いに気づきやすいと考えたためです。

さらに《青衣の女》には風俗画と寓意《ぐうい》画の二つの側面があります。風俗画とは、一般家庭の何気ない日常を描いたものです。寓意画とは、象徴的な意味を持つ小道具などを用いて抽象的な概念を示すものです。

《青衣の女》を風俗画として見るならば、手紙を読む青い服を着た女性、真珠のネックレス、獅子の飾りがついたスペイン風の椅子、オランダの地図など、17世紀当時のオランダの日常が精緻な筆遣いで色鮮やかに描かれています。そのため子供たちは、自らの日常と関連づけながら作品のモチーフの形や色をじっくりと読み解く楽しさがあります。

一方、《青衣の女》を寓意画として見るならば、例えば、フェルメールは手紙を恋愛の象徴として好んで用いました。そのため手紙を読む女性には、差出人である恋人の存在がほのめかされます。真珠のネックレスは恋人からの贈り物かもしれません。女性のお腹が膨らんでいることから妊娠しているという見方もできます。女性の頭部と背景の地図の色相が類似していることから、女性が広い世界に思いをめぐらせているようにも見えます。

ただしフェルメールは《青衣の女》の解釈を明言していないため、研究者の間でも解釈は分かれています。そのため鑑賞者は多様な見方・感じ方を楽しむことができます。女性は本当に妊娠しているかはわかりませんし、その表情は微笑んでいるようにも悲しんでいるようにも見えます。地図は実用品であるとともに最先端の室内装飾品として好まれました。真珠のネックレス、日本の着物、中国の陶磁器などはオランダの東インド会社が東方貿易によりもたらした高価な産物ですが、「虚飾」「虚栄」を象徴していると解釈することもできます。◐2

つまり、《青衣の女》の鑑賞は、鑑賞者が自分なりの見方・感じ方をはたらかせて、作品の主題、造形要素とその効果、作品にまつわる知識などの「鑑賞学習ルーブリック」のすべての観点を取り上げた多様な楽しみ方が可能です。

## 観点やレベルを精選し、目標（ねらい）を明確にする

ここで注意が必要なことは、1回の授

業で取り扱う観点の数を欲張らず、精選することです。観点を多くすると、その授業の目標（ねらい）がぼやけてしまい、その結果として授業をファシリテートする教師の視点や発問の内容が曖昧となるためです。

まず教師はコモンルーブリックを参照しながら、この鑑賞学習で扱う二つの観点について題材ルーブリック**（表1）**を作成しました。さらに、この鑑賞学習での目標（ねらい）を吟味して「作品に描かれたモチーフの形や色をじっくりと見ることを楽しみ、人物の立場や気持ちを自分なりの根拠を基に考える」、「自分と他者との見方・感じ方の違いに気づく」とし、二つの観点「(A)見方・感じ方」と「(C)−1形、色」に焦点を当て、設定レベルを3としました。レベル3とした理由は、今回が2回目の鑑賞学習であり、自らが着目した造形的な特徴を根拠として見方・感じ方をつくり出すだけでなく、さらにそれを伝え合うことで一人一人の見方・感じ方に固有の根拠があることに気づく学習とするためです。

二つの観点に焦点化したものの、《青衣の女》は一人の人物が描かれたシンプルな作品であるため、実際の授業で子供が「人物の立場や気持ちを考える」ときには、作品に描かれた場面・物語（(B)作品の主題）やモチーフの構成・配置（(C)−2構成・配置）と関連づけて鑑賞することも十分に予想されます。

## 展開や方法を構想して、指導観を明確にする

教師は目標（ねらい）や観点とレベルに合わせ、以下の授業方法と展開を構想しました。子供たちが《青衣の女》のモチーフの形や色などの造形的な特徴をじっくりと見て、その意味や特徴を考えることができるように、大型図版（電子黒板）と個別のタブレットPCを使用すること。子供たちが自分と他者との見方・感じ方の違いに気づくことができるように、発問に応じた様々な学習形態（個別、グループ）となり自分の気づきをワークシートに記述したり、他者と交流（話す、聞く、話し合う）したりすることです。

## 授業を実践する

この鑑賞学習は、二つの観点「(A)見方・感じ方」と「(C)−1形、色」が関連する四つの発問で展開しました**（表2）**。これらの発問は、教師が子供たちとの対話を通して発したものですが、設定した観点（「(A)見方・感じ方」

| フェルメール《青衣の女》　題材ルーブリック | | | | |
|---|---|---|---|---|
| 観点＼レベル | レベル４ ★★★★ | レベル３ ★★★ | レベル２ ★★ | レベル１ ★ |
| (A)<br>見方・感じ方 | 作品の主題や造形について、作品にまつわる知識や他者の見方・感じ方に刺激を受けながら、自分の見方・感じ方を分析的に表明している。 | 作品の主題や造形について、作品にまつわる知識や他者の見方・感じ方に刺激を受けながら、自分なりの見方・感じ方をもっている。 | 作品の主題や造形について、自分なりの印象をもっている。 | 作品について興味・関心をもったことを中心に、自分なりの印象をもっている。 |
| (C)－1<br>形、色 | 室内で手紙を読む青い服を着た女性、真珠のネックレス、地図などの形や色に込められた意味や特徴について、根拠を挙げて批評している。 | 室内で手紙を読む青い服を着た女性、真珠のネックレス、地図などの形や色に込められた意味や特徴について説明している。 | 手紙を読む青い服を着た女性、真珠のネックレス、地図などの形や色の特徴について触れている。 | 手紙を読む青い服を着た女性、真珠のネックレス、地図などに関心を向けている。 |

表１　授業実践「何が描かれているのかな？」において扱う観点の題材ルーブリック

| 発問 | 展開・方法 | 観点との関連 |
|---|---|---|
| 〔問１〕<br>この作品を見て感じたことは何ですか？ | 全員で電子黒板の作品を鑑賞する。ワークシート「感じたこと」欄に記入して、発表する。 | (A) 見方・感じ方<br>(C)－１ 形、色<br>：共にレベル１ |
| 〔問２〕<br>作品に隠されているものは何ですか？細部までじっくりと見て探してみましょう。 | 個別にタブレットPCの作品を鑑賞する。<br>ワークシート「絵の中にあるもの・場所」欄に記入して、発表する。 | (A) 見方・感じ方<br>(C)－１ 形、色<br>：共にレベル２ |
| 〔問３〕<br>絵の中の壁掛け（地図）、粒々（真珠のネックレス）は何ですか？ | グループ（４人程度）でタブレットPCの作品を鑑賞しながら、お互いの意見を出し合い、発表する。 | (A) 見方・感じ方<br>(C)－１ 形、色<br>：共にレベル２～３ |
| 〔問４〕<br>この人物は誰？　どのような気持ち？手紙の送り主と内容を想像しながら考えましょう。 | 個別にタブレットPCの作品を鑑賞する。<br>ワークシート「手紙の送り主」「手紙の内容」欄に記入して、発表する。 | (A) 見方・感じ方<br>(C)－１ 形、色<br>：共にレベル３ |

表２　授業実践「何が描かれているのかな？」での発問、展開・方法、観点との関連

と「(C)−1 形、色)」のそれぞれレベル3への達成を図るために、教師が自覚的に設定しておいた発問でもあります。〔問1〕は《青衣の女》の一見した印象を問う導入的な発問です。〔問2、3〕はじっくりと見て多様なモチーフを発見したり、《青衣の女》の重要なモチーフ(「地図」、「真珠のネックレス」)の形や色からその意味や特徴を考えたりする発問です。〔問4〕は、自らが着目した造形的な特徴を根拠として人物の立場や気持ちを考える発問であり、この鑑賞学習で最も重要な発問となります。

では、実際の授業のようすを紹介しましょう。

**〔問1〕この作品を見て感じたことは何ですか?**

教師は電子黒板に《青衣の女》を提示し、子供たちに初見の印象を問いました。子供たちはワークシートの「感じたこと」欄に印象を記入した後、「青い服」、「太っている」、「昔の絵」、「狭い部屋」、「お母さんみたい」、「雰囲気的に泣いていそう、下を向いて手紙みたいなのを読んでいるから」などと思いのままに発表しました。この発問により、子供たちは自分なりの見方・感じ方が許される安心感と、作品に対する興味・関心が広がっていきました。

**〔問2〕作品に隠されているものは何ですか?**

子供たちはタブレットPCの《青衣の女》を思いのままに拡大・縮小・回転したりしながら「椅子」、「本」、「地図」、「手紙」などの発見したモチーフをワークシートの「絵の中にあるもの・場所」欄に記入して発表しました。発表する際には、子供たち一人一人の気づきを共有できるように電子黒板の前でおこないました。特に「地図」に対する子供たちの見方・感じ方が「壁掛け」、「板」、「絵のブロック」などと多様で盛り上がりました。教師は子供たちの「地図」への興味・関心が強いことを察知して、次の発問をしました。

**〔問3〕絵の中の壁掛け、粒々は何ですか?**

子供たちは4人程度のグループとなって、「壁掛け(地図)」に対する見方・感じ方を伝え合いました。グループ内で見方・感じ方は必ずしも一致しません。子供たちは、グループ内での多様な見方・感じ方を電子黒板の前で発表しました。例えば、「世界地図」と答えた子供に対し教師がその根拠を問うと、「壁掛けを

メディア設定

回転させると日本列島や朝鮮半島が見えるから」と答えがありました。他の子供たちからは「竜の顔と地図」、「石垣」、「動物（鹿、竜、蛇）」などの発表がありました。子供たちはグループワークや発表を通して、新しい見方・感じ方に出会い、大いに盛り上がりました。

さらに、教師は重要なモチーフの一つでありながら子供たちが気づかない「粒々（真珠のネックレス）」について問いました。子供たちの「粒々」に対する見方・感じ方も、「壁掛け」同様に必ずしも一致しません。子供たちからは「鈴」、「ペットの蛇」、「ベルト」、「ネックレス」、「ネクタイ」などの発表がありました。教師は子供たちに根拠を問いましたが、「粒々」が小さく描かれているために根拠を答えることが難しく、あまり盛り上がりませんでした。

教師は「壁掛け」と「粒々」の問いに関して、子供一人一人の多様な見方・感じ方を受容するとともに、見方・感じ方を深めるために「壁に掛けられているものは世界地図」、「粒々は真珠のネックレス」だと伝えて、次の発問をしました。

**〔問4〕この人物は誰？　どのような気持ち？**

教師は、手紙を読む女性の立場や気持ちについて、自らが着目した造形的な特徴を根拠として考えることができるように、ワークシートに「手紙の送り主」と「手紙の内容」という欄を設定しました。子供たちからは、次のような発表がありました。

児童A「女性は悲しい気持ちです。手紙の送り主は友達で、遠くに引っ越すことが決まってお別れとなる内容の手紙です。」

児童B「女性は太っているから妊婦さんで、悲しい気持ちです。手紙の送り主は病院で、お腹の赤ちゃんが重い病にかかっているという内容です。」

児童C「女性は母親で悲しい気持ちです。手紙の送り主は政府自治体で、息子を戦争に送ることが決定した通知です。女性は息子を戦争に送るのがつらいです。」

児童D「女性は母親で悲しい気持ちです。手紙の送り主は軍隊で、息子の戦死を知らせる内容です。この部屋は世界地図があるから息子の部屋で、女性が手紙を読んで悲しそうにしているからそのように考えました。」

## 成果を確認する

実践後、この教師はルーブリックを活用したことで目標（ねらい）や観点とレベルを具体的に設定することができ、授業をファシリテートする自身の視点や発問の内容を明確にすることができたと実感していました。そのことで子供たちは《青衣の女》のモチーフの形や色をじっくりと見ながら、自らが着目した造形的な特徴を根拠として見方・感じ方をつくり出すことができたのではないでしょうか。

子供一人一人の《青衣の女》に対する見方・感じ方は必ずしも一致するとは限りません。それでも教師は、焦点化した二つの観点を軸にして、子供たちの多様な見方・感じ方を受け止めたり関連づけたり、根拠を聞いたりすることで、一人一人の見方・感じ方の具体性が明らかとなりました。結果として、子供たちは自分なりの見方・感じ方をつくりつつ、異なる見方・感じ方に出会うことで他者を受容したり自他を差異化したりして、自分の見方・感じ方を更新していきました。この鑑賞学習において、教師が設定した目標（ねらい）や観点とレベルは達成できたといえます。

## 改善点を明らかにする

教師が設定した4つの発問のうち、〔問4〕は、この鑑賞学習の最も重要な発問でしたが、授業時間の残り10分間で考えて、ワークシートに記入し、発表するという駆け足での進行となりました。そのため、教師が余裕をもって子供一人一人の多様な見方・感じ方を受け止めて、分類したり、関連づけたりするまでには至りませんでした。例えば児童Dは「地図がある息子の部屋で手紙を読む母親」という構図に着目して鑑賞をしています。これは観点「(C)―1形、色」に加えて「(C)―2構成・配置」も関連づけて人物の立場・気持ちを考えているのです。教師の想定以上に子供が見方・感じ方を深く働かせた場合、教師はその深さ（観点やレベル）を察知して鑑賞学習をファシリテートする必要があります。

また、〔問3〕は〔問4〕に至る前段階の重要な発問です。「壁掛け（地図）」に関する鑑賞は盛り上がりましたが、「粒々（真珠のネックレス）」に関する鑑賞は盛り上がりに欠けました。その原因として、4・5学年の社会科において地図について学習したことの影響が考えられます。一方、「真珠のネックレス」は小さく描かれていることと、子供にとって身近ではないため学習が盛り上がりに欠けたと考えられます。〔問4〕に関する子供の発言やワークシートを分析すると、「真珠のネックレス」よりも「地図」に着目した回答・記述数が多いという結果となりました。

## 次の授業の構想を練る

子供が「地図」に興味・関心を示していることから、〔問3、4〕の段階で「世界地図」を掲示して、オランダの地理的位置を実感したり、「真珠のネックレス」が東アジアからオランダまで届く時間の長さなどを思い描いたりしながら鑑賞することも考えられます。

全2時間の鑑賞学習が可能な場合、2時間目は観点「(D)－1 歴史的位置づけ、文化的価値」を取り上げた鑑賞学習が考えられるでしょう。それは、フェルメールが生きた大航海時代のオランダの生活・風俗・時代背景を探究する、社会科や総合的な学習の時間との合科的な鑑賞学習になります。その場合の問いの例として、「なぜオランダは積極的に航海をしたの?」「なぜ部屋に地図を飾っているの?」、「真珠はどこで採れるの?」などが考えられるのではないでしょうか。

子供が鑑賞学習でつくり出した見方・感じ方は、かけがえのないものです。ただし、初見の見方や感じ方が絶対とは限りません。教師は鑑賞学習が子供にとって、新たな見方・感じ方がつくり出され、学びや生き方が更新される楽しさを実感できる場となるように、カリキュラム・マネジメントを続ける必要があります。

1) 本稿は、以下の論文を基に加筆したものである。新関伸也、村田透「ルーブリック評価による美術鑑賞の実践と考察Ⅰ―フェルメール《青衣の女》を通して―」、『美術教育学研究』51号、大学美術教育学会、2019、pp.241-248

2) 千足伸行監修『フェルメール原寸美術館 100％ VERMEER!』小学館、2018、pp.52-53、166-167、172-173、176-177

広がる美術教育

# 幼児の遊びと鑑賞

子供たちは、何気なく目にした身のまわりのものに対して、「面白いな」「きれいだな」「何だろう」と、感じたり気づいたりしながら生活をしています。子供たちの遊びや生活に寄り添いながら、気づいたことや感じたことについて共有できる時間を大切に育んでいくことによって、子供たちの感性はより豊かに拓かれていくでしょう。

ある幼稚園の園庭で、３歳児が自分で見つけたお気に入りの木の実や葉っぱなどを並べて遊んでいるところを見ていたことがあります。「つるつるしたところが気持ちいいね」「黒いのは宝石みたい」「いい匂いがするよ」「これ振ったら音がする」と、五感をはたらかせながら、色や形の特徴や面白さを発見し、お話をしています。３歳の子供も自分たちが発見した美や価値を、素直な言葉で伝え合っているのです。

鑑賞活動は、「見る」という視覚だけでなく、聴覚によって「音を感じる」、嗅覚によって「匂いを感じる」、味覚によって「味を感じる」、触覚によって「重さや温度、手触りを感じる」など、身体全体でおこなう営みを含みます。鑑賞活動とは、自分が出会うあらゆるものの中から、自分にとっての美や価値を発見しようとする行為であると言えるでしょう。そう考えると、子供たちの生活は、常に鑑賞活動そのものだということがわかります。

園庭で出会った子供たちは、自然の素材を友達と一緒に鑑賞することによってどんどんイメージが膨らんできたようで、「そうだ、お料理屋さんをしよう」「いいね」と、新たな遊びや表現活動へとつなげていきました。こうした、幼児の日常における鑑賞活動は、やがて芸術作品を鑑賞する際の萌芽であると考えることができるでしょう。

# 8

# 鑑賞学習の学びの広がりと深まり

## 国語科・芸術科書道の実践から

### 鑑賞活動と言語活動

ここでは、図画工作科・美術科と他教科との関連、異なる教科における鑑賞学習、という観点から、「鑑賞学習ルーブリック」を使った鑑賞学習の学びの広がりと深まりについて考えます。

鑑賞学習と深いつながりをもつ教科の一つは国語です。作品を見て何かを感じること自体に言葉は要りませんが、見方や感じ方を他者に伝えようとしたとき、言葉が重要な役割を果たすからです。小学校低学年における履修時間の配分をみれば、国語が各教科の学びの基礎を担う教科として位置づけられていることがわかります。

「鑑賞学習ルーブリック」の活用においても、言語活動を前提としています。とはいえ、言語活動が鑑賞学習を常に先導したり、包括したりするということではありません。私たちが目指すのは、見方・感じ方の変容と言語活動の充実とが互いに良い影響関係を築いていくような営みです。言語化すること自体が目的になってしまったり、鑑賞学習の成果を言語による表現の良し悪しで測ろうとしてしまったりすることには注意が必要です。

一方で、美術鑑賞学習の方法の基点となり、また方法のモデルとしてもとらえられている対話による鑑賞の理念は、視覚を通じて考えること（Visual Thinking）[1]です。視覚を通じて考え、作品と対話し他者と対話します。鑑賞の質的変化が生まれる際に、言語活動は不可欠の要件となってきます。

作品が対話を生む「場所」となって鑑賞活動が活性化されると、見ることと語ることの相互作用が生まれます。相互作用は鑑賞学習の質を高めます。見方・感じ方の変容と言語活動にプラスの影響関係が築かれていきます。教科指導に即していえば、図画工作科・美術科と国語科の連携には、互いの目標をもちつつ他の目標をも活性化させる可能性が見出せます。

## 文字と造形を起点にした題材の開発

私たちは、複数の現場の先生たちと連携し、同じ題材を用いて異なる校種、異なる教科（国語科・芸術科書道）において「鑑賞学習ルーブリック」を活用した鑑賞学習実践をおこないました。[2] まず、それぞれの現場の児童・生徒に向き合って教科目標に沿った年間指導計画を立てます。次に、その年間計画の中にこの鑑賞授業がどのように位置づけられるかを、現場の先生たちにそれぞれ考えてもらいました。

共通の対象として選んだのは、上田《うえだ》桑《そう》鳩《きゅう》の《愛》という、学校では馴染みのない作品です（第Ⅱ部5―⑦を参照）。この作品を取り上げた理由は、通俗的な見方を様々な角度から「裏切ってくれる」要素があるからです。

この作品は、書の作家による毛筆と墨を用いた表現ですが、小学校・中学校の国語科書写で学習するような整斉な字姿ではなく、高等学校芸術科書道で扱われるような伝統色をもつ造形でもありません。文字として読もうとすると、多くの人は「品」という漢字を想起します。ところが、作品の題名は「愛」です。「どうして『品』と書いて『愛』なんだ?」と疑問がわきませんか。ここで鑑賞者の先入観が問われます。文字としてこの造形をとらえて読もうとする見方、書かれた文字は題名と一致するという見方への問いかけです。

このように本作は、文字と造形をめぐる謎にはじまり、普段の生活やこれまで学習してきたことなどを、学習者に一旦立ち止まって考えさせる豊かなメッセージをもっています。[3] 文字と造形とがスリルある関係になる、こうした作品の特性に鑑み、先生たちはそれぞれに指導展開を考えました。

## 観点を絞ってユレにそなえる

観点の絞り込みが重要になることは、既にくり返し述べてきました。ここでは、それを《愛》による実践から見ていくことにします。

授業実践では、校種・教科を問わず、『品』と書いてあって、なぜ『愛』なのか」ということが学習者の話題に上りました。「鑑賞学習ルーブリック」に照らすと「(B) 作品の主題」という観点です。「品じゃなくて、口が三つあるから、やかましい」(小学校3年)、「見えている姿と作品の題名は一致しなくてもいい」(中学1年)、「余白が大きいから品格があることを表している」(高校2年)、「かたつむりの親子が仲良く左の方へ向かっていくように見える。動物愛かもしれない」(小学校6年、高校2年)、「作者の署名があるから、作者の『愛』を形にしたのでは?」(高校2年) 等々、見方や感じ方を伝える言葉が飛び交います。これらの場面では、作品の主題をめぐり、造形要素や作品の成立背景へと関心が往ったり来たりしています。

さらに本作は「作者が孫のハイハイする姿を見て作品の構想を練った」というエピソードを知ることで、「あ、これは赤ちゃんのハイハイか」というふうに見えてきます。

指導者は、学習者の目線や関心が往ったり来たりするとき、地図上に目印をつけるように、どこかに起点をおくことが有効です。「鑑賞学習ルーブリック」における観点の絞り込みがこれに当たります。地図を持たずに学習者の発言を聞き取ると、「いろんな意見が出ました」ということで終わってしまいがちです。一方、「作品の主題」に観点を絞って発話をとらえるようにすると、作品の題名が「愛」であるということを意識して作品のテーマ性に関心が向けられていることや、その解釈の根拠となる事柄を造形要素に探ろうとしていることなどが見えてきます。

つまり、鑑賞者の見方は次々と更新されていきますが、指導者が鑑賞学習時に観点を意識しておくことによって、見方と発話の堂々巡りを避けることができるのです。

観点を絞ることは、学習者の鑑賞を制限してしまうことにはなりません。指導者が、絞り込んだ観点とそれ以外の観点とがどのような関係にあるかをマネジメントできていれば、観点にあてはまらない学習者の見方が現れたときも、多様な見方への対応が可能になります。観点を絞ることこそ、実は「多様な見方」を俯瞰できることにつながっていきます。

くわえて、まだ出てきていない観点を示すと新しい関係づけが可能になります。このような観点どうしの関係性の整理は、題材の特性をつかむことや題材観を深めることになります。

## 観点どうしの関係性を意識する

実践では「(B) 作品の主題」に焦点を絞ると、[4]「(D) 作品にまつわる知識」との関係が見えるようになりました。そうすると、次は「(D) 作品にまつわる知識」という観点による見方を深める準備が整います。本作は近代以降の芸術表現のありかたや書と絵画の両ジャンルにまたがる課題をもつことから、たとえば同じ作家の別の作品や同時代の他の作家の作品を提示してみると、鑑賞の局面が変わります。上田桑鳩は、同時代の多くの書道家がそうであったように、先人の書を研究し、従来のようなスタイルの書作品を書いている一方で、《愛》を発表しています。このような情報を得ると、学習者には「どんな考えでこの作品を作ったんだろう」「まわりの人は、どんな受け止め方をしたんだろう」と関心が湧きます。これは、「(D)－2 社会・環境とのつながり」への着眼が芽生えてくることを示しています。

「(D)－1 歴史的位置づけ、文化的価値」の観点へ広げてみようとする場合には、時代の流れが理解しやすいよう作家年表を提示することや、絵画や彫刻など他のジャンルで生まれた前衛的な作品を紹介することなどが有効です。《愛》は大公募展として知られる日展に出品して落選となったことを知ると、学習者は作品がもつ意義や価値について考えることになります。その後に、これらとの関係で再び《愛》の鑑賞に立ち戻ってみると、「(B) 作品の主題」は、はじめの見方とは違った角度から浮き彫りにされてきます。ルーブリックのレベルを参照してみると、鑑賞学習の質の高まりが確認できるでしょう。

## 題材観の深まり

鑑賞学習の質が高まると、知っていることを動員して作品を見ることや、知らなかったことを知りたいと思う気持ちが起こります。指導者は、「鑑賞学習ルーブリック」を活用することによって、学習者の中で「知識」という要素が生きるようになる適切な時期を予測することができます。また逆に、知識への誘いの時期を自ら設定することができます。

指導者が題材観を深めることと指標とする観点を絞り込むこととは、互いに密接な関係があります。指導者は、題材観と評価基準を設定した根拠を明確に言語化しようと努めることによって、鑑賞学習指導の質を高めていくことができます。

評価基準の設定は、教科目標に準拠して定めることになりますから、同一の題材をどのような視点からどのように扱うことができるのかは、教科をまたいで、多様に議論することができます。題材研究を通した教科間連携が可能でしょう。題材を多角度から研究することは、教科間の業務レベルの連携とは異なり、授業

の質を内側から変容させる契機になります。

### 言葉のはたらき方に目を向ける

「コモンルーブリック」の各レベルの記述には、レベル1の「関心をもっている」、レベル2の「想像している」、レベル3の「説明している」、レベル4の「批評している」といったキーワードを含んでいます。前の2段階が、学習者の内で起こっていることに焦点があり、言葉だけでなく身振り・手振りなど非言語によるメッセージもその指標となることが多いのに対して、後の2段階では学習者の言葉による表し方に焦点がうつり、言語の役割が大きくなります。鑑賞学習における言語のはたらきについて、国語科との関連で見ていきます。

鑑賞学習では、自身が見たり感じたりすることが原点となって、他者との見方の違いに出会います。鑑賞学習が個々に鑑賞を楽しむ行為と異なる点は、自身の見方や感じ方とは異なる視線の広がりに価値を置くか否かです。作品を見て感じていることはあっても、それを他者にわかるように説明することができなければ、共有したり差異を伝えたりすることは難しくなります。

ただしここで目指すのは、ただ単に「上手に」言葉を使えるようになることではありません。「どのような言葉を選んでどのように使えば、今、私の中に起こっていることを的確に伝えられるだろうか」というように、自身の鑑賞体験を言葉の営みを通じて内から外へと表しだす方法を探すとき、言葉は磨かれ、生きた形になります。指導者には、言葉をつむぐ人の世界の切り取り方を見取るという課題があるのです。こうした場面では、作品が共通の「場所」となり、鑑賞という活動を通して拓かれる国語の教科特性が発揮されます[5]。

### 国語科の鑑賞学習との連動

現場では、いかにして学習内容に興味・関心をもたせるかに多くの教師が頭を悩ませています。中央教育審議会は国語科の実現すべき課題として「小学校では、文における主語を捉えることや文の構成を理解したり表現の工夫を捉えたりすること、目的に応じて文章を要約したり複数の情報を関連付けて理解を深めたりすることなど」があり、「中学校では、伝えたい内容や自分の考えについて根拠を明確にして書いたり話したりすることや、複数の資料から適切な情報を得てそれらを比較したり関連付けたりすること、文章を読んで根拠の明確さや論理の展開、表現の仕方等について評価することなど」[6]と示しています。

これらが課題だとされるのは、社会全般にわたって他者と共生していく際に求められる力と関係するからです。このような力の育成は、鑑賞活動が活性化される際に自ずと高められるのではないでしょうか。鑑賞学習は、教科連動を視野に入れることによって、教科相互の教育目標の活性化をはかる意義をもつことができるでしょう。

## 「鑑賞学習ルーブリック」で促す学習内容の関連づけ

現行の学習指導要領では、国語科で育成を目指す資質・能力は「国語で正確に理解し適切に表現する資質・能力」であり、このような資質・能力を育成するためには、児童・生徒が「言葉による見方・考え方を働かせることが必要」[7]としています。

このような教科目標を見据え、中学校国語科においておこなわれた《愛》による実践を紹介します。「芸術鑑賞文を書く」という題材において、個々に鑑賞文を書くだけではなく、対話による鑑賞学習を取り入れて、自他の交流の中で見ることと書くことを深めていくというねらいが設定されました。その際、「『鑑賞学習ルーブリック』をもとに、生徒自身の鑑賞達成度を一枚のポートフォリオにして自己評価させる」工夫がなされます。単なる感想文にとどまらず、作品の主題や構成、成立背景など多様な観点をくぐった厚みのある鑑賞文が目指されたのです。学習指導案の指導観には「事前に文法や文章構成の授業を行っているため、生徒たちは他者に自身の思いや考えを伝える大切さ、その方法についてすでに学習している」[8]との記載があります。自身の生きた言葉が他者の生きた言葉と交流することができるよう、有効な学習計画が立てられていることが見てとれます。

国語科における学習が、文法は文法、鑑賞文は鑑賞文、それぞれ別物として扱われ互いの関連がはかられない授業になると、国語科で目指す資質・能力は育成されづらくなります。この実践では、学習内容の関連づけがはかられることによって、鑑賞実践から鑑賞文作成へと主体的な活動が促されたと考えられます。

「鑑賞学習ルーブリック」は、事前学習や単元構成のプロットづくりの指標になります。また、生徒が鑑賞活動を自己評価する設定にすると、学習者と指導者の双方が観点を共有できることになり、国語科の学習活動では言語を介した鑑賞の深まりが確認しやすくなるでしょう。

### 高等学校芸術科書道の場合

先にも触れた全国調査の結果が示すように、図画工作科・美術科においては、目標と評価に関する指標設定が困難なために鑑賞学習が深まらないという課題が明らかになっています（第I部1を参照）。これと同様の課題をもつ分野として高等学校芸術科書道が挙げられます。

高等学校における芸術科目である音楽・美術・書道・工芸の各科目は、その内容の枠組が「表現」と「鑑賞」からなることにおいて共通していますが、具体的な内容とその取扱いは異なります。しかしながら、日本の近代以前は書画や工芸などが一つながりの鑑賞環境にあったことを考え合わせると、鑑賞学習においては、科目に制約されない目線をもつことが必要になってきます。それと同時に、授業の質を高めていくためには、科目の特性を生かした観点によるルーブリック作成が望まれます。

「鑑賞学習ルーブリック」の活用を試してみることで、科目間（直近の目標は美術と書道）の共通点と差異を検討することにつなぐことができます。共通点は鑑賞学習の普遍的な要素を見出すことになり、差異は科目の特性を再認識することになるでしょう。

### 「（A）見方・感じ方」から「（E）生き方」へ

教科担当の指導者に求められる力は、教科の指導力であるとともに、各教科等の特質を生かし、教科等横断的な視点から教育課程の編成を図ることです。指導者には、教科に直結した内容を具体的に扱いながら、かつ教科内に閉じた学びにならないような視点が求められます。多様な学びが各人の生きる力をはぐくむことにつながることが重要です。

本書で扱う主たる教科枠は図画工作科・美術科ですが、「鑑賞学習ルーブリック」の目指すものは、狭い意味での教科に収まるものではありません。むしろ逆で、鑑賞活動を通して教科外の多様な場面へ波及する力の育成を目指しています。このような意味で各教科での学びも含めた観点から「コモンルーブリック」をとらえると、表中の二重線で区切った部分の意味がはっきりします。

学習者の「（A）見方・感じ方」が自らの「（E）生き方」に関与するような仕方で学び深まっていくプロセスを、授業における（B）（C）（D）のあり方を通してそのつど可視化しようと試みているのがこのルーブリックであるともいえるわけです。

鑑賞学習の対象となりうる優れた作品は、図画工作科・美術科の教科書に掲載されていないところにもたくさんあります。鑑賞学習において指導者は、目標（ねらい）の設定にふさわしい題材を自覚的に拾い上げて、カリキュラムの構造と関連させてとらえる能力が求められます。カリキュラムの構造は、がっちり固まった静止態ではありません。組み換えることが可能な動態です。

カリキュラムの構造化を念頭において鑑賞学習を進めるためには、学校の教育課程において習得してきた多様な事柄との関連を視野に入れておくことが望まれます。

## 教科を超えて

「鑑賞学習ルーブリック」は、学年や校種を超えて使用できるものです。じっさい、作品《愛》の鑑賞では、小学生から高校生までの授業において活用しました。より望ましいのは、その際、教育課程で学んできた多様な見方が観点やレベルに反映されてくることです。

これまでおこなった実践では、小・中・高の各校種において目標（ねらい）を基準に置きながら、個々の実践ごとに指標となる観点とそのレベルを検討してきました。しかし、まだ各々の教育課程における多様な学びの堆積が鑑賞活動にどのように反映されてくるかを検討するには至っていません。各教科での学びを関連づけることによって、学年や校種に相応しい作品を選んだり、その有効性の範囲を吟味したりすることができるのではないかと予測しています。その際、ルーブリックの軸合わせは、各学校現場の実態に即した学習活動を展開する有効な手立てになるでしょう。

◓　◓　◓

以上のことをふまえると、今後の課題として、三つの方向性が示せます。

①各教科における鑑賞学習実践の試行と振り返りを継続すること
②教科間で連動するカリキュラム・マネジメント[9]を考えていくこと
③先行研究や実践を検証しながら、鑑賞学習の理論を体系的にとらえられるようにしていくこと

これらはいずれも大きな課題であり、根本には各教科を通底する教育的課題があるため、教科間および校種間連携がなければ進めることはできません。教科を超えて課題が共有されていくことは、「鑑賞学習ルーブリック」自体を広く再検討し、鑑賞学習の理論を再構築していくことにつながると考えています。

1) アメリア・アレナス『なぜ、これがアートなの？』（福のり子訳、淡交社、1998）、上野行一監修『まなざしの共有――アメリア・アレナスの鑑賞教育に学ぶ』（淡交社、2001）を参照。
2) 国語科・芸術科書道に馴染みのない読者をふまえ、本稿を裏付けるデータとして、以下に《愛》による鑑賞学習実践を記す（題材名・教科・学年・実践日［校名・指導者名は割愛］）。【小学校】「この作品のタイトルは何だろう？～上田桑鳩《愛》～」国語科（書写）・第3学年・2016年11月22日。「想像してみよう！作品名は？」図画工作科・第4学年・2016年12月7日。「これは何だ？」国語科（書写）・第4学年・2016年12月12日。「作者が伝えたかった〈愛〉とは～上田桑鳩《愛》～」国語科（書写）・第6学年・2016年11月22日。【中学校】「作品鑑賞をして物語をつくろう！～上田桑鳩《愛》～」国語科・第1学年・2016年6月9日。【高等学校】「書家　上田桑鳩の《愛》を探る」芸術科（書道）・第2学年・2016年12月1日。「上田桑鳩《愛》」芸術科（書道）・第2学年・2016年12月12日。「《愛》上田桑鳩」芸術科（書道）・第3学年・2016年11月19日。
3) 上田桑鳩は『書道鑑賞入門』（創元社、1963）の序で「特に伝統芸術では、鑑賞から手掛ける必要」があると述べている。同書の帯には「読むことから見ることへ・造形美としての書」と記されている。作品《愛》は、書に対する見方が視覚性を重視した鑑賞へ移行しつつある時期に成立している。
4) ここでは「作品の主題」に焦点化して取り上げているが、どの観点を設定しても、その観点との関係で授業を組み立てることができる。どの観点を取り上げるかは、授業の目標（ねらい）と進度に合わせて指導者が選択する。
5) 言語活動の充実は、国語科のみならず全教科にわたる課題となるが、言語活動自体に価値軸が偏ることは、指導者の側から教科を分断することになる。非言語によるメッセージへの留意は、インクルーシブの視点から見たときにも重要なテーマになる。
6) 小・中学校学習指導要領（平成29年告示）解説国語編「国語科の改訂の趣旨及び要点」を参照。
7) 前掲書同章「目標及び内容の構成」を参照。
8) 太田菜津子「第1学年国語科学習指導案」（2016年6月9日、ノートルダム清心学園清心中学校において実践）より引用。
9) 前掲指導要領第1章総則においては「教育課程に基づき組織的かつ計画的に各学校の教育活動の質の向上を図っていくこと」と規定される。詳細は、当該箇所を参照。

## 「なりきる」鑑賞とリアリティ

中学校での実践を一つ紹介します。同世代の海外の子供の作品をたくさん用意し、まずは手に取ってみます。その後感じたことを話してもらうと、案の定「日本と違う色合い」「○○（国名）っぽい感じがする」「すごく上手で完成度が高い」など、やはり外から見た印象ばかり。言い方は悪いのですが、やや他人事です。そこで見方を切り替えるために、次のように投げかけました。

“Let’s try to put yourself in artist’s shoes!”

「描いた人になってみよう！」ということです（もちろん artist とは芸術家のことではありません、スポーツの player と同じです)。

そしてワークシートを配り、「私が表したかったことは…」「私がそのために工夫したことは…」「私が見てほしいところは…」という、作者になりきったフォームで再び鑑賞し、発表してもらいます。

すると、はじめの発表とはまったく違う見方がどんどん出てきます。「どうしてこのモチーフにしたんだろう？」……、手の動きを感じるような筆使い、消したり描き直したりした逡巡の跡……、手に取るからこそ見える細部への注目も加わって、“描いた人”にぐんと近づいていきます。それを皆で話し合うのはとても刺激的で楽しい時間です。

もちろん、このような“なりきり”も、実際は想像の域を超えるものではなく、真に作者の思いをなぞることはできません。けれども、このような想像が「正しいかどうか」は問題ではありません。絵には作者がいるということ、その作者は自分と同じ生きた存在であること、そのリアリティをまずは感じてもらえればよいのです。どんな絵にも描いた人がいる……、この当たり前のことにあらためて思いを向けることで、鑑賞はぐんと面白く、人間臭いものになっていくのではないでしょうか。

# おわりに

いかがでしたでしょうか。「鑑賞学習指導って難しい」、そして「ルーブリックの活用って難しい」、つまり「難しい」×「難しい」＝「極めて難しい」……というわけではないということをおわかりいただけたのではないかと思います。鑑賞学習とルーブリックが結びつくことで、実践に取り組むためのハードルが下がり、意義と成果が実感できるようになるのです。鑑賞学習指導は、「ルーブリックで変わる」のです。

もちろん、表現学習指導にも様々な方法があるように、鑑賞学習指導にもいろいろな方法が想定されます。本書で述べた方法は、展開や教材を含めて、あくまで例のいくつかに過ぎません。本書の目指したところは、それらの広がりではなく、目標と評価基準の設定に焦点を当てることでした。

しかしながら、それだけで質の高い鑑賞学習になるかというと、それほどシンプルに考えられないのが「美術」の授業です。「美術教育」の「美術」は、創造と破壊をくりかえす拡散的な営みです。これを鑑賞でもしっかり保障しながら、学習内容を、限られた時間の中で効率的に構成していくという「教育」がもつ収束的な側面をも織り込んだのが本書です。その理念は全頁に散りばめられており、類書はないと自負しています。

鑑賞学習に対しては、かつて、模倣や依頼心を起こさせ、自己表現にマイナスになるのではないかという誤解がありました。子供の創造性を重視するあまり、なおざりにされてきたのです。また「表現」は、発達の様子や指導の効果が目に見えるので関心を引きやすいのに対して、「鑑賞」は内的経験であり、その発達が形となって現れるわけではないことも鑑賞学習指導の理論的・実践的発展を阻害してきたと言えましょう。近年、少しずつ鑑賞学習にスポットが当てられるようになり、優れた実践も数多くありますが、点在していて体系化されるに至っていません。私たちは、これまでの研究で提案してきた鑑賞学習指導のための教材（内容）、方法、そして今回の目標と評価基準の提示を総合することによって、「鑑賞学習指導体系」を構築したいと考えています。

「鑑賞学習ルーブリック」を活用して実際に授業をおこなっていただくとともに、本書について忌憚のないご意見をいただきたいと思っています。その往還の中で、子供たちにとってより楽しく、有意義な鑑賞学習、ひいては、より望ましい美術教育、いえ、教育そのものが実現していくことを願ってやみません。

なお、本書は、三元社の山野麻里子さんの絶大なサポートによって、かたちとなりました。心より感謝申し上げます。

２０２０年11月

松岡宏明

［編著者］

**新関伸也**　（にいぜき・しんや／第Ⅱ部５－①～⑫、第Ⅱ部６、「大学生の鑑賞授業体験から」）

滋賀大学教育学部教授。美術教育。

編著『西洋美術101鑑賞ガイドブック』（三元社、2008）、編著『日本美術101鑑賞ガイドブック』（三元社、2008）、共著「ルーブリック評価による美術鑑賞の実践と考察Ⅰ－フェルメール《青衣の女》を通して－」『美術教育学研究』51号（大学美術教育学会、2019）。


**松岡宏明**　（まつおか・ひろとし／第Ⅰ部１、２、第Ⅱ部５－①～⑫、「『鑑賞会』あるある」）

大阪総合保育大学児童保育学部教授。博士（教育学）。美術教育。

単著『子供の世界 子供の造形』（三元社、2017）、編著『美術教育概論（新訂版）』（日本文教出版、2018）、単著「保育者を対象とした幼児の造形を見ることに関する調査からの考察」『美術教育』No.304（日本美術教育学会、2020）。

［著者・掲載順］

**大橋　功**　（おおはし・いさお／第Ⅰ部３、第Ⅱ部５－③④⑪、「台湾の美術教育」）

岡山大学学術研究院教育学域教授。美術教育。

監修・編著『美術教育概論（新訂版）』（日本文教出版、2018）、単著「幼児の想像的描画表現活動における共感性の働きについて－共感性の多次元的視点からの考察－」『美術教育』No.298（日本美術教育学会、2014）、単著「美術教育における活動主題を軸とした題材群設定についての研究－幼児の造形表現活動の具体的事例を通した一考察－」『美術教育学研究』46号（大学美術教育学会、2014）。


**藤田雅也**　（ふじた・まさや／第Ⅱ部４、「幼児の遊びと鑑賞」）

静岡県立大学短期大学部准教授。美術教育。

共著『美術教育概論（新訂版）』（日本文教出版、2018）、共著「鑑賞学習ルーブリックの作成とその活用に関する一考察」『美術教育』No.301（日本美術教育学会、2017）、単著「乳幼児を対象とした素材への触察行為に関する一考察」『美術教育学研究』52号（大学美術教育学会、2020）。

**村田　透**　（むらた・とおる／第Ⅱ部５－⑧⑫、第Ⅲ部７）
滋賀大学教育学部准教授。美術教育。
共著『美術教育概論（新訂版）』（日本文教出版、2018）、単著「子どもの造形表現活動における課題探究について―小学生を対象とした『造形遊び』の題材より―」『美術教育学』第39号（美術科教育学会、2018）、共著「ルーブリック評価による美術鑑賞の実践と考察Ⅰ―フェルメール《青衣の女》を通して―」『美術教育学研究』51号（大学美術教育学会、2019）。

**萱のり子**　（かや・のりこ／第Ⅱ部５－⑦、第Ⅲ部８）
奈良教育大学教育学部教授。博士（文学）。書学・芸術学。
単著『書芸術の地平―その歴史と解釈』（大阪大学出版会、2000）、単著「鑑賞活動における言語とイメージの共有に関する一考察」『美術教育』No.299（日本美術教育学会、2015）、編著『東アジアにおける〈書の美学〉の伝統と変容』（三元社、2016）。

**佐藤賢司**　（さとう・けんじ／「『なりきる』鑑賞とリアリティ」）

大阪教育大学教育学部教授。美術教育。

編著『美術教育概論（新訂版）』（日本文教出版、2018）、共著『美術教育学の現在から（美術教育学叢書１）』（美術科教育学会・学術研究出版、2018）、共著『美術の授業のつくりかた』（武蔵野美術大学出版局、2020）。


（所属は、２０２２年10月現在）

ルーブリックで変わる
美術鑑賞学習

発行日　2020年12月15日　初版第1刷発行
　　　　2022年10月1日　初版第3刷発行
編著者　新関伸也・松岡宏明
発行所　株式会社 三元社
〒113-0033
東京都文京区本郷1-28-36 鳳明ビル1階
電話／03-5803-4155
ファックス／03-5803-4156
印刷所
製本所　モリモト印刷 株式会社

本書は、JSPS科研費（JP17H02698／JP20H01688）の研究成果にもとづいています。

[写真協力]

大阪教育大学附属平野小学校／大阪教育大学附属平野中学校／大阪市立姫島小学校／大阪府立金岡高等学校／花蓮市立中原國民小学校（台湾）／川西市立多田小学校／草津市立老上小学校／滋賀大学教育学部附属小学校

[参考図版出典]

「鑑賞学習ルーブリック」を活用した学習指導モデル⑦上田桑鳩《愛》、宇野雪村・比田井南谷責任編集『現代書1　歴史と理念』（雄山閣出版、1983）、⑩《薬師寺・薬師三尊像》、筆者撮影、⑪マルセル・デュシャン《泉》、木村重信『世界美術史』（朝日新聞社、1997）、⑫ジョアン・ミロ《アルルカンの謝肉祭》《赤い太陽》、『新潮美術文庫48　ミロ』（新潮社、1974）


ISBN978-4-88303-518-2
http://www.sangensha.co.jp/

# 鑑賞学習ルーブリック

## コモンルーブリック

| 観点＼レベル | | レベル4<br>☆☆☆☆ | レベル3<br>☆☆☆ | レベル2<br>☆☆ | レベル1<br>☆ |
|---|---|---|---|---|---|
| (A) 見方・感じ方 | | 作品の主題や造形について、作品にまつわる知識や他者の見方・感じ方に刺激を受けながら、自分の見方・感じ方を分析的に表明している。 | 作品の主題や造形について、作品にまつわる知識や他者の見方・感じ方に刺激を受けながら、自分なりの見方・感じ方をもっている。 | 作品の主題や造形について、自分なりの印象をもっている。 | 作品について興味・関心をもったことを中心に、自分なりの印象をもっている。 |
| (B) 作品の主題 | | 作品から伝わる主題をとらえて批評している。 | 作品から伝わる主題について想像し、説明している。 | 作品から伝わる主題について想像している。 | 作品について興味・関心をもった部分を中心に、意味づけをしている。 |
| (C)<br>造形要素とその効果 | (C)－1<br>形、色 | 作品の中の形や色に込められた意味や特徴をとらえて、批評している。 | 作品の中の形や色に込められた意味や特徴について説明している。 | 作品の中の形や色の特徴を指摘している。 | 作品の中の形や色に関心をもっている。 |
| | (C)－2<br>構成・配置 | 作品の構成や配置に込められた意味や特徴をとらえて、批評している。 | 作品の構成や配置に込められた意味や特徴について説明している。 | 作品の構成や配置の特徴を指摘している。 | 作品の構成や配置に関心をもっている。 |
| | (C)－3<br>材料、技法・様式 | 作品の材料や技法・様式の意味や特徴をとらえて、批評している。 | 作品の材料や技法・様式の意味や特徴について説明している。 | 作品の材料や技法・様式の特徴を指摘している。 | 作品の材料や技法・様式に関心をもっている。 |
| (D)<br>作品にまつわる知識 | (D)－1<br>歴史的位置づけ、文化的価値 | 作品が美術の歴史にもたらした意義や文化的価値を理解し、批評している。 | 作品が美術の歴史にもたらした意義や文化的価値について説明している。 | 作品が美術の歴史にもたらした意義や文化的価値について想像している。 | 作品が美術の歴史にもたらした意義や文化的価値に関心をもっている。 |
| | (D)－2<br>社会・環境とのつながり | 作者の考え方や作品が社会や環境に与えた影響について理解し、批評している。 | 作者の考え方や作品が社会や環境に与えた影響について説明している。 | 作者の考え方や作品が社会や環境に与えた影響について想像している。 | 作者の考え方や作品が社会や環境に与えた影響に関心をもっている。 |
| (E) 生き方 | | 作品が、自分の考え方や世界への関わり方に影響を与えることを実感し、自らの生き方につなげている。 | 作品が、自分の考え方や世界への関わり方に影響を与えることを実感している。 | 作品が、自分の考え方に影響を与えることに関心をもっている。 | 作品が、自分の気持ちに影響を与えることに関心をもっている。 |